प्रारम्भिक

संस्कृत व्याकरण

प्रारम्भिक

संस्कृत व्याकरण

A Sanskrit Grammar for Beginners

मधुसूदन मिश्र

शिप्रा

ISBN: 978-81-7541-308-5

2014, Third Edition
(2009, 2006)

A Sanskrit Grammer for Beginners

Published by:
SHIPRA PUBLICATIONS
H.O.: LG 18-19, Pankaj Central Market, I.P. Ext.,
Patparganj, Delhi 110092, Ph. 22235152, 22236152
Br. Off.: Ansari Road, Daryaganj,
New Delhi 110002; Ph.9650028065, 9810522367
Email: info@shiprapublications.com
Website: www.shiprapublications.com

प्राक्कथन

संस्कृत सीखने के लिये जितनी सामग्री चाहिये, इस व्याकरण में सब है। लेकिन पारिभाषिक शब्दों का इसमें कम से कम प्रयोग किया गया है। नियम बताने की जगह यथासंभव उदाहरण ही रख दिये गये हैं। फिर भी, जहाँ-तहाँ नियम तो बताने ही पड़े हैं। अनियमित रूपों को स्पष्ट अक्षरों से बताया गया है। बस इन्हीं कारणों से इसका नाम 'प्रारम्भिक संस्कृत व्याकरण' रखा गया है।

इतना व्याकरण जान लेने के बाद किसी साधारण संस्कृत शब्दकोष की सहायता से रामायण, महाभारत तथा पुराणों को अच्छी तरह समझा जा सकता है। यदि भूले-भटके कोई कठिन रूप आ जायेंगे तो उनका समाधान अपने सामान्य ज्ञान से हो जायेगा। अतः विशेष कुछ कहने की आवश्यकता नहीं। शिवास्ते सन्तु पन्थानः।

देवोत्थान एकादशी **मधुसूदन मिश्र**
12.11.2005

विषय-सूची

पहला अध्याय

वर्णमाला

1. संस्कृत भाषा की ध्वनियों के लिखित रूप को वर्ण कहते हैं। वे या तो स्वर हैं या व्यंजन। पूरी वर्णमाला निम्नलिखित है।

स्वर

अ आ, इ ई, उ ऊ, ऋ ॠ, ऌ [ॡ]
ए ऐ, ओ औ
अं अः

व्यंजन

कवर्ग	क	ख	ग	घ	ङ
चवर्ग	च	छ	ज	झ	ञ
टवर्ग	ट	ठ	ड	ढ	ण
तवर्ग	त	थ	द	ध	न
पवर्ग	प	फ	ब	भ	म
	य	र	ल	व	
	श	ष	स	ह	

क. स्वर की पहली पंक्ति के जोड़ों में पहला स्वर ह्रस्व कहलाता है, दूसरा दीर्घ। ह्रस्व स्वर के उच्चारण में जो समय लगता है उससे दूना समय दीर्घ स्वर के उच्चारण में लगता है। जोड़ों में दीर्घ ॡ तो बता दिया गया है, पर उसका प्रयोग भाषा में एक बार भी नहीं हुआ है।

ख. दूसरी पंक्ति के सभी स्वर दीर्घ हैं। उनका पुराना रूप क्रमशः अइ आइ अउ आउ था। इसीलिये उन्हें सन्ध्यक्षर भी कहते हैं।

ए ओ को गुण स्वर और ऐ औ को वृद्धि स्वर भी कहते हैं।

अनुस्वार (ं) और विसर्ग (:) को भी स्वरों की ही पंक्ति में बिठा दिया है-अं अः। इनका उच्चारण बिना स्वर की सहायता के नहीं हो सकता था, इसलिये इन्हें अ के सहारे खड़ा किया जाता है।

ख. व्यंजनों में पहली पाँच पंक्तियाँ **स्पर्श** की हैं। छठी पंक्ति **अन्तःस्थ** की है और सातवीं **ऊष्म** की।

1. स्पर्शों के प्रत्येक वर्ग में प्रथम दो वर्ण **अघोष** है, शेष तीन **घोष**। पहला तीसरा **अल्प-प्राण** है, दूसरा चौथा **महाप्राण**। पाँचवाँ **अनुनासिक** है।

2. अन्तःस्थ - य र ल व - घोष हैं।

3. ऊष्म श ष स अघोष हैं, ह घोष। ह महाप्राण भी है।

वर्णों के इन **गुणों** को याद रखना लाभदायक है।

2. क ख ग घ इत्यादि में तो पहले से ही अ स्वर लगा हुआ है, क्योंकि इसके बिना हम इन्हें बोल ही नहीं सकते। लेकिन क से लेकर ह तक के सभी व्यंजनों में आ इ इत्यादि सभी स्वर जोड़े जा सकते हैं।

तब इन स्वरों के रूप बदल जाते हैं। उस बदले हुए स्वर के रूप को मात्रा कहते हैं-का कि की कु कू कॄ क क्लृ के कै को कौ कं कः, इत्यादि।

क. कुछ व्यंजनों के साथ इन बदले हुए स्वरों के रूप और भी बदल जाते हैं-रु रू हृ शृ।

ख. बिना स्वर के व्यंजन को नीचे हलन्त चिह्न (्) लगाकर सूचित करते हैं-क् ख् ग् घ्, इत्यादि।

3. एक व्यंजन को दूसरे व्यंजन से मिलाकर भी लिखते हैं।

क. तब पिछले व्यंजन का अगला भाग कट जाता है-क+ख = क्ख, ग+घ = ग्घ, च+छ = च्छ, ज+ज = ज्ज, ज+झ = ज्झ।

ख. लेकिन कुछ व्यंजन ऐसे हैं जिनका अगला भाग नहीं है। तब वे ऊपर नीचे लिखे जाते हैं-ट+ट = ट्ट, द+द = द्द, ड+ड = ड्ड, ड+ग = ड्ग, द+ध = द्ध।

ग. जोड़ने में इन कठिनाइयों से बचने के लिये पहले व्यंजन के नीचे हलन्त चिह्न ही लगा देते हैं-द+द = द्‌द, द+ध+व = द्‌ध्व, ड+ड = ड्‌ड।

1. र का जोड़ अनोखा है। पहले रहने पर इसे ऊपर लिखते हैं, पीछे रहने पर नीचे- र्+क = र्क, क्+र = क्र।

घ. इस मिलने-मिलाने में कुछ जोड़े तो बहुत बदल जाते हैं - क+ष = क्ष, त+र = त्र, ज+ञ = ज्ञ, श+र = श्र।

4. स्वर कभी नाक से भी बोले जाते हैं। ऐसे स्वरों को सानुनासिक

कहते हैं और आँ, ऊँ - इस प्रकार लिखते हैं। हिन्दी में तो प्रायः अनुस्वार का ही चिह्न पर्याप्त है।

क. अनुस्वार स्वर के बाद उच्चरित होता है, अनुनासिक स्वर के साथ। तुलना करें-हंस : हँसना, कंस : खाँसना।

5. स्वर सहित व्यंजन को अक्षर कहते हैं-क का कि की, इत्यादि। इन अक्षरों के मिलने से शब्द बनता है-काक, वारि, फल, मधु, देव। शब्द के अन्त में व्यंजन अकेला भी रह सकता है-वाच्, जगत्, दिश्।

संस्कृत में कुछ अक्षर भी स्वतंत्र शब्द होते हैं-क (पानी) ख (आकाश) ग (चलने वाला, जैसे ख-ग आकाश में चलने वाला = पक्षी), इत्यादि।

बोलचाल में जिसे वर्ण कहना चाहिये उसे भी अक्षर कहते हैं; जैसे क वर्ण को क अक्षर कह देते हैं, क्योंकि यह स्वर सहित बोला जाता है।

दूसरा अध्याय

सन्धि

6. वाक्य में जब शब्दों को लिखते हैं तो स्वर और व्यंजन के सामने कोई और स्वर या व्यंजन खड़ा हो जाता है। उस समय यथासंभव उन्हें एक साथ लिखना पड़ता है, जिस कारण वे बदल भी जाते हैं। इसे सन्धि कहते हैं।

स्वर के सामने व्यंजन आने से स्वर नहीं बदलता, पर स्वर के आगे स्वर तथा व्यंजन के आगे स्वर या व्यंजन आने से स्वर या व्यंजन बदल जाते हैं।

7. स्वर+स्वर

क. ह्रस्व या दीर्घ एक जैसे दो स्वर आपस में मिलकर दीर्घ हो जाते हैं–तव (तेरा)+अपि (भी) = तवापि, वारि (पानी)+इदम् (यह) = वारीदम्, मधु (शहद)+उत्तमम् (अच्छा) = मधूत्तमम्, कटु (तीता)+उदकम् (पानी) = कटूदकम्।

ख. अ आ से मिलकर अगला इ ई हो जाता है ए, उ ऊ हो जाता है ओ, तथा ऋ हो जाता है अर्–तव (तेरा) इदम् (यह) = तवेदम्, मम (मेरी)+उटजम् (कुटिया) = ममोटजम्, लता+इह (यहाँ) = लतेह, वसन्त+ऋतु = वसन्तर्तु, राज+ऋषि = राजर्षि।

ग. अ आ से मिलकर अगला ए ऐ हो जाता है **ऐ**, ओ औ हो जाता है **औ**–मम (मेरा)+एषः = ममैषः, तव (तेरी)+ ओषधिः (दवा) = तवौषधिः, मम (मेरा)+ऐश्वर्यम् (धन) = ममैश्वर्यम्, इह (यहाँ)+औषधम् (दवा) = इहौषधम्।

घ. किसी दूसरे स्वर के पहले इ ई बदल जाता है य् में, उ ऊ बदल जाता है व् में, तथा ऋ बदल जाता है र् में–नदी+अत्र (यहाँ) = नद्यत्र, वारि (पानी) एतत् (यह) = वार्यतत्, मधु (शहद)+इदम् (यह) =मध्विदम्, पितृ (बाप)+आज्ञा = पित्राज्ञा।

ङ ए ओ के बाद अ तो लुप्त हो जाता है, पर उसे दिखाने के लिये एक अवग्रह चिह्न ऽ रख देते हैं–ते (वे)+अपि (भी) = तेऽपि, प्रभो

(मालिक!)+अस्मि (मैं हूँ) = प्रभोऽस्मि।

च. अ छोड़कर किसी अन्य स्वर के पहले ए अय् हो जाता है, ओ अव्–ते (वे)+इह (यहाँ) = तय् इह, प्रभो (मालिक!)+इह+अस्मि (यहाँ हूँ) = प्रभव् इहास्मि। लेकिन य् व् रहता नहीं, लुप्त हो जाता है–त इह (वे यहाँ है), प्रभ इहास्मि (मालिक! मैं यहाँ हूँ)।

छ. ऐ औ किसी स्वर के पहले क्रमशः आय् आव् हो जाता है; लेकिन व् तो रह जाता है, य् लुप्त हो जाता है–तस्मै (उसके लिये) इदम् (यह) = तस्माय् इदम् = तस्मा इदम्, उभौ (दोनों)+अपि (भी) = उभाव् अपि = उभावपि।

ज. द्विवचन वाले ई ऊ ए अगले स्वर से कभी नहीं मिलते–मुनी उभौ (दोनों मुनि) साधू इमौ (ये दोनों साधु), ते उभे (वे दोनों)।

8. व्यंजन+स्वर

संस्कृत वाक्यों में शब्दों के अन्त में निम्नलिखित आठ व्यंजन ही होते हैं–क् ट् त् प् ङ् न् म् और : (विसर्ग)।

क. क् ट् त् प् किसी स्वर के पहले क्रमशः ग् ड् द् ब् हो जाते हैं–वाक् (बोली)+इयम् (यह) =वागियम्, सम्राट् (राजा)+आगच्छति (आते हैं) = सम्राडागच्छति, तत् (वह)+ आननम् (चेहरा) = तदाननम्, धर्मगुप् (धर्म रक्षक)+अयम् (यह) = धर्मगुबयम्।

ख. ह्रस्व स्वर के बाद वाला ङ् न् किसी स्वर के पहले दुहरा जाता है–प्रत्यङ् (पीछे)+अयम् (यह) = प्रत्यङ्ङयम्, अगच्छन् (गये)+एते (ये लोग) = अगच्छन्नेते, आसन् (थे)+इह (यहाँ) = आसन्निह।

ग. अ स्वर के पहले अः तो ओ हो जाता है, लेकिन अगले अ को खा जाता है। फिर उसे दिखाने के लिये अवग्रह का चिह्न ऽ रख देते हैं–रामः+अपि = रामोऽपि, देवदत्तः+अटति (घूमता है) = देवदत्तोऽटति।

घ. अ छोड़कर अन्य सभी स्वरों के पहले अः का विसर्ग लुप्त हो जाता है–मुनयः (मुनि लोग) आगच्छन्ति (आते हैं) = मुनय आगच्छन्ति, रामः+इह = राम इह, देवदत्तः+उत्तिष्ठति (उठता है) = देवदत्त उत्तिष्ठति, बालः+एषः = बाल एषः। कन्याः+एताः = कन्या एताः।

ङ. स (वह) और एष (यह) तो केवल अ के पहले सः और एषः दिखायी देता है, जिस दशा में यह सो एषो होकर अगले अ को खा जाता है–सोऽपि, एषोऽपि। अन्यथा, सर्वत्र यह स और एष ही है – स बालकः,

एष मनुष्यः। वाक्य के अन्त में भी सः, एषः ही होता है-गच्छति सः। स एषः।

च. आः का विसर्ग सभी स्वरों के पहले लुप्त हो जाता है-

देवाः (देव लोग)+अपि = देवा अपि,

लताः (लतायें)+इह = लता इह,

ताः (वे औरतें) अमुत्र (वहाँ) = ता अमुत्र।

छ. अ आ छोड़कर अन्य स्वरों के बाद वाला विसर्ग किसी स्वर के पहले र् हो जाता है-मुनिः+अपि = मुनिरपि, रिपुः (शत्रु)+असौ (वह) = रिपुरसौ, वधूः (वहू)+अटति (घूमती है) = वधूरटति, गौः+अत्र = गौरत्र, लक्ष्मीः इयम् = लक्ष्मीरियम्

9. व्यंजन+व्यंजन

क. पदान्त क् ट् त् प्

1. वर्ग के तीसरे चौथे वर्ण तथा य र ल व के पहले क्रमशः ग् ड् द् ब् हो जाता है- रुक् (रोग) वर्धते (बढ़ता है) = रुग्वर्धते, द्विट् (दुश्मन)+याति (जाता है) = द्विड् याति, सुहृत् (दोस्त)+धावति (दौड़ता है) = सुहृद्धावति, धर्मगुप् (रक्षक)+राजा = धर्मगुब्राजा।

2. न म के पहले क्रमशः ङ् ण् न् म् हो जाता है-

वाक् (बात) मम (मेरी) = वाङ् मम, षट् (छह) मनुष्याः (आदमी) = षण्मनुष्याः, तत् (वह) न (नहीं) = तन्न, धर्मगुप्+महाराजः = धर्मगुम्महाराजः।

3. ह के पहले क्रमशः ग् ड् द् ब् तो हो ही जाता है, ह भी क्रमशः घ ढ ध भ हो जाता है- रुक् (रोग) हन्यते (दूर हो जाता है) = रुग्घन्यते, द्विट् (दुश्मन) हसति (हँसता है) = द्विड्ढसति, तत् (वह) हि (ही) = तद्धि, ककुप् (चोटी) हसति (हँसती है) = ककुब्भसति।

ख. शब्द का अन्तिम त्

1. अगले च छ के कारण च् और ज झ के कारण ज् हो जाता है- तत् (वह) च (भी) = तच्च, एतत् (यह) छत्रम् (छाता) = एतच्छत्रम्, सुहृत् (दोस्त) जयति (जीतता है) = सुहृज्जयति।

2. श के पहले भी च् हो जाता है, लेकिन तब श भी छ हो जाता है–तत् (वह) शक्यम् (हो सकता है) = तच्छक्यम्। क् और ट् के बाद भी श छ हो जाता है– वाक्+शतम् = वाक्छतम्, विपाट्+शुतुद्री = विपाट् छुतुद्री।

3. ल के पहले ल् हो जाता है–तत् (वह) लसति (अच्छा लगता है) = तल्लसति।

ग. पदान्त म्

किसी भी व्यंजन के पहले अनुस्वार हो जाता है–रामम्+नमामि = रामं नमामि, इदम्+फलम्+पक्वम्+अस्ति (यह फल पका है) = इदं फलं पक्वमस्ति। यह अनुस्वार भी प्राय: अगले स्पर्श का अनुनासिक हो जाता है–सम्+क्षिपति = संक्षिपति या सङ्क्षिपति।

घ. पदान्त न्

1. अगले ज झ के कारण ञ् हो जाता है–तान्+जनान् (उन लोगों को) = ताञ्जनान्।

2. च छ के पहले अनुस्वार हो जाता है, पर बीच में एक श् चला आता है–तान् (उन्हें) च (भी) = तांश्च, एतान् + छात्रान् (इन छात्रों को) = एतांश्छात्रान्।

3. त थ के पहले अनुस्वार हो जाता है, पर बीच में एक स् चला आता है–तान्+तु = तांस्तु।

4. ट ठ के पहले भी अनुस्वार हो जाता है, पर बीच में एक ष् चला आता है–तान्+ठक्कुरान् = तांष्ठक्कुरान्।

5. श के पहले ञ् हो जाता है, पर बीच में एक च् चला आता है और श भी स्वयं छ बन जाता है–एतान्+शशान् = एताञ्च्छशान्।

6. लेकिन स के पहले यह ज्यों का त्यों रहता है और बीच में एक त् चला आता है–तान्+स: = तान्त्स:, अगच्छन्+सहसा = अगच्छन्त्सहसा।

7. ल के पहले लँ् हो जाता है–तान्+लभे = तालँ् लभे, लेकिन लोग इसे गलत ढंग से ताँल्लभे लिखते हैं। तान्+लोकान् = तालँ् लोकान् (ताँल्लोकान्)।

ड. पदान्त विसर्ग (:)

च छ के पहले श्, ट ठ के पहले ष् तथा त थ के पहले स् हो जाता है–गाव:+चरन्ति = गावश्चरन्ति, बालका:+ते = बालकास्ते।

च. पदान्त अक्षर अ:

वर्ग के तीसरे, चौथे और पाँचवें वर्ण तथा य र ल व ह के पहले ओ हो जाता है–

गाव:+धावन्ति = गावो धावन्ति,

देवदत्त:+वदति = देवदत्तो वदति,

मुनय:+यान्ति = मुनयो यान्ति,

बालक:+हसति = बालको हसति।

छ. पदान्त आ: का विसर्ग

वर्ग के तीसरे, चौथे और पाँचवे वर्ण तथा य र ल व ह के पहले लुप्त हो जाता है–

देवा:+गच्छन्ति = देवा गच्छन्ति,

बालका:+धावन्ति = बालका धावन्ति,

कन्या:+हसन्ति = कन्या हसन्ति।

ज. अ आ से भिन्न स्वर के बाद वाला विसर्ग वर्ग के तृतीय, चतुर्थ, पंचम वर्ण तथा य र ल व ह के पहले र् हो जाता है–मुनि:+गच्छति = मुनिर्गच्छति, रिपु:+ धावति = रिपुर्धावति, गौ:+दुह्यते = गौर्दुह्यते।

झ. लेकिन विसर्ग से बदला हुआ वही र् अगले र के कारण लुप्त हो जाता है–गौ:+राजते = गौ राजते, वधू:+रम्या = वधू रम्या।

यदि इस र् के पहले वाला स्वर ह्रस्व है तो दीर्घ हो जाता है - मुनि:+रमते = मुनी रमते: गुरु:+रुष्ट: = गुरू रुष्ट:।

संस्कृत में विसर्ग (:) या तो र् का बदला हुआ रूप है या स् का। जैसे मन: का विसर्ग मनस् का स् है, लेकिन पित: का विसर्ग पितर् का र् है। स् वाला अ: तो घोष व्यंजनों के पहले ओ हो जाता है, र् वाला अ: नहीं–मन:+मम = मनो मम, पित:+मम = पितर्मम; मन:+अत्र = मनोऽत्र,

पितः+अत्र = पितरत्र, इत्यादि।

ये सन्धियाँ वाक्य में प्रयुक्त शब्दों की हैं। पर ये शब्द कैसे बनते हैं–इस संबंध में यहाँ कुछ नहीं बताया गया है। ऐसे कुछ नियम प्रसंगानुसार आगे बताये जायेंगे। कुछ नियम तो वही हैं जो वाक्यगत संधि में हैं।

तीसरा अध्याय

शब्द रूप

10 शब्दों के पाँच भेद हैं-संज्ञा, सर्वनाम, विशेषण, क्रिया और अव्यय।

क. **अव्यय** उन शब्दों को कहते हैं जो बदलते नहीं। कुछ तो ऐसे हैं जिनके वंश का पता नहीं; जैसे च (और, भी) वा (या) अपि (भी) इत्यादि।

1. ऐसे अव्ययों में **उपसर्गों** का एक बहुत बड़ा दल है। ये क्रियाओं के अर्थ को बदल देते हैं। उनके नाम ये हैं-आ (चारों ओर) उत् (ऊपर) अनु (पीछे) परा (हटकर) परि (चारों ओर) अप (दूर) अव (नीचे) प्र (आगे) प्रति (पीछे) अभि (सामने) अपि (आगे) उप (निकट) नि (नीचे) अधि (भीतर) अति (बढ़कर) निस् (पूरी तरह) दुस् (बुरा) सु (अच्छा) सम् (एक साथ)।

2. कुछ अव्यय ऐसे हैं जो एक बार बन जाने पर नहीं बदलते-गत्वा (जाकर) कृत्वा (कर के) गन्तुम् (जाने के लिये) कर्तुम् (करने के लिये), उपनदि (नदी के किनारे) इत्यादि।

शेष सभी शब्द बदलने वाले हैं।

ख. करने वाले (कर्ता) और किये जाने वाले (कर्म) के अनुसार क्रियायें अनेक कालों और अर्थों में अपने रूप बदलती हैं। इन्हें **धातुरूप** कहते हैं।

ग. **विशेषण** तो संज्ञा और सर्वनाम की विशेषता बताता है और उन्हीं के अनुसार अपना रूप बदलता है।

घ. जब तक किसी वस्तु या व्यक्ति का नाम नहीं लिया जाता तब तक वह **सर्वनाम** है-मैं हम, तू तुम वह वे यह ये सब दूसरा, इत्यादि।

मैं हम उत्तम पुरुष का सर्वनाम है, तू तुम मध्यम पुरुष का, शेष सभी प्रथम पुरुष के सर्वनाम हैं। संस्कृत में सर्वनाम का क्रम यह है-3. प्रथम पुरुष 2. मध्यम पुरुष 1. उत्तम पुरुष।

ङ **संज्ञा** किसी वस्तु या व्यक्ति के नाम को कहते हैं-पुस्तक, बालक, नदी इत्यादि। सभी संज्ञायें प्रथम पुरुष की होती है।

च. संज्ञा, सर्वनाम और विशेषण वाक्य में अनेक रूपों में दिखायी देते हैं। इन रूपों को ही व्यवहार में **शब्दरूप** कहते हैं।

छ. शब्द रूप के विचार से संज्ञा और विशेषण एक जैसे हैं। सर्वनाम के रूप इनसे थोड़ा अलग होते हैं। संख्यावाचक शब्द इन तीनों से निराले होते हैं। अतः 1. संज्ञा-विशेषण 2. सर्वनाम 3. संख्या-इस क्रम से शब्द रूप प्रस्तुत किये जायेंगे।

11. संज्ञा-विशेषण

ये शब्द स्वरान्त और व्यंजनान्त होते हैं। फिर ये दोनों एकाक्षर और अनेकाक्षर होते हैं। अतः चार प्रकार के शब्द सामने आते हैं-एकाक्षर स्वरान्त, एकाक्षर व्यंजनान्त, अनेकाक्षर स्वरान्त और अनेकाक्षर व्यंजनान्त।

ये शब्द पुलिंग, स्त्रीलिंग और नपुंसक लिंग के रूप में भी विभक्त है। जैसे-देव पु. देवी स्त्री. फल न; राजन् पु. आशिष् स्त्री.।

एकाक्षर		**अनेकाक्षर**			
स्वरान्त	**व्यंजनान्त**	**स्वरान्त**	**व्यंजनान्त**		
पा	वाच्	देव	वेधस्	गच्छत्	राजन्
धी	रुज्	मुनि	धनिन्	भवत्	विद्वस्
भू	राज्	साधु		महत्	आत्मन्
रै	जित्	लता		धीमन्	दातर्
गो	मथ्	मति		गरीयस्	पितर्
नौ	सुहृद्	धेनु			
	युध्	नदी			
	गुप्	वधू			
	ककुभ्	फल			
	द्वार्	वारि			
	गिर्	मधु			
	पुर्				
	दिव्				
	दिश्				
	विश्				
	द्विष्				
	आ-शिष्				

चन्द्र-मस्
अप्सरस्
लिह्
उपानह्
दह्

लिंग के विचार से इनका संकेत शब्दरूपों में दिया जायेगा।

12 कारक और वचन

करने वाले को कर्ता और किये जाने वाले को कर्म कहते हैं। फिर ये दोनों ही अन्य रूपों में भी प्रकट होते हैं जो करण, सम्प्रदान, अपादान, संबंध, अधिकरण और संबोधन कहलाते हैं। ये **कारक** हैं। इनका क्रम संस्कृत व्याकरण में इस प्रकार है-1. कर्ता 2. कर्म 3. करण 4. सम्प्रदान 5. अपादान 6. संबंध 7. अधिकरण। संबोधन कर्ता का ही पुकार वाला नाम है।

क. ये सभी एक, दो या दो से अधिक हो सकते हैं। इसे क्रमशः एकवचन, द्विवचन और बहुवचन कहते हैं।

ख. रूपों को अलग-अलग दिखाने के लिए जो तत्त्व होते हैं उन्हें **विभक्ति** कहते हैं। वे इस प्रकार हैं-

	एकवचन	**द्विवचन**	**बहुवचन**
प्रथमा	1 स्	8 औ	11 अस्
द्वितीया	2 अम्	औ	12 अस्
तृतीया	3 आ	9 भ्याम्	13 भिस्
चतुर्थी	4 ए	भ्याम्	14 भ्यस्
पंचमी	5 अस्	भ्याम्	15 भ्यस्
षष्ठी	6 अस्	10 ओस्	16 आम्
सप्तमी	7 इ	ओस्	17 सु

कहने को तो 21 विभक्तियाँ हैं, पर वस्तुतः इनकी संख्या 17 है। संबोधन तो कर्ता ही है, पर एकवचन में यह कहीं कहीं बहक जाता है। इसलिये संबोधन-एकवचन को 18 **संबुद्धि** कहते हैं। यदि अलग से नहीं बताया जाये तो 18=1

ग. उपर्युक्त 3-7, 9-10 और 13-17 विभक्तियाँ तो सर्वसाधारण हैं। लेकिन नपुंसक शब्दों के लिये 1-2, 8 और 11-12 विभक्तियाँ क्रमशः ये हैं-

1-2 म् 8. ई 11-12 इ

1. आगे की रूपावली में हम इन रूपों को संख्या के क्रम से दिखायेंगे। ऊपर से नीचे एक ही पंक्ति में पहले एकवचन, तब द्विवचन और अन्त में बहुवचन। पर 18 को कहीं कहीं 1 के साथ भी पढ़ा जा सकता है।

घ. एकाक्षर शब्दों की रूपावली सरल और नियमित है, खासकर स्वरान्त शब्दों की। पर एक-दो व्यंजनान्त शब्द सबल रूप वाले हो जाते हैं।

1. व्यंजनान्त अनेकाक्षर शब्दों का तीन दल है-केवल एक सबल रूप वाला, चार सबल रूप और तेरह अबल रूप वाला तथा चार सबल रूप, पाँच मध्यम रूप और आठ अबल रूप वाला।

2. स्पष्ट शब्दों में-व्यंजनान्त शब्दों के 1, 2, 8 और 11 पु. स्त्री. रूप सबल हैं, शेष सबल। कुछ अन्य व्यंजनान्त शब्दों के अबल रूपों में भी व्यंजनादि (भ्याम् भिस् भ्यस् और सु) विभक्ति वाले 9, 13, 14-15 और 17 रूप मध्यम हैं, शेष 3-7 10, 12, 16 रूप अबल हैं। 18 भी सबल रूप ही है, पर कहीं कहीं स्वर ह्रस्व होता है। नपुंसक शब्दों के 11-12 रूप सबल हैं, 1-2 मध्यम और 8 अबल। मध्यम रूप को सदा ध्यान में रखना चाहिये।

3. नपुंसक शब्दों के रूप कर्ता और कर्म के लिए एक ही होते हैं, और पुलिंग से एकदम भिन्न होते हैं। इन रूपों को अलग ही बताया जायेगा।

4. शब्द लिंग के अनुसार तो भिन्न भिन्न हैं, पर रूप के विचार से केवल स्वरान्त अनेकाक्षर शब्दों में भिन्नता है। अन्यत्र स्त्री. पुं. रूपों में भिन्नता नहीं दीखती।

13. अनेकाक्षर स्वरान्त पुं. शब्द

	देव	मुनि	पति	सखि	साधु
1	देवः	मुनिः	पतिः	सखा	साधुः
2	देवम्	मुनिम्	पतिम्	सखायम्	साधुम्
3	देवेन	मुनिना	पत्या	सख्या	साधुना
4	देवाय	मुनये	पत्ये	सख्ये	साधवे
5	देवात्	मुनेः	पत्युः	सख्युः	साधोः
6	देवस्य	"	"	"	"
7	देवे	मुनौ	पत्यौ	सख्यौ	साधौ
8	देवौ	मुनी	पती	सखायौ	साधू
9	देवाभ्याम्	मुनिभ्याम्	पतिभ्याम्	सखिभ्याम्	साधुभ्याम्
10	देवयोः	मुन्योः	पत्योः	सख्योः	साध्वोः
11	देवाः	मुनयः	पतयः	सखायः	साधवः
12	देवान्	मुनीन्	पतीन्	सखीन्	साधून्
13	देवैः	मुनिभिः	पतिभिः	सखिभिः	साधुभिः
14-15	देवेभ्यः	मुनिभ्यः	पतिभ्यः	सखिभ्यः	साधुभ्यः
16	देवानाम्	मुनीनाम्	पतीनाम्	सखीनाम्	साधूनाम्
17	देवेषु	मुनिषु	पतिषु	सखिषु	साधुषु
18	देव	मुने	पते	सखे	साधो

क. पति के रूप 3-7 अनियमित है। सखि के पाँच रूप-1, 2, 8, 11 सबल हैं। 3 से 7 तक के रूप भी अनियमित हैं। पर भूपति नृपति आदि समस्त शब्द मुनि की तरह ही चलते हैं।

ख. राम रामेण, हरि हरिणा चारु चारुणा रामाणाम् हरीणाम् चारूणाम् इन्हें ध्यान से देखें।

14 अनेकाक्षर स्वरान्त स्त्री. शब्द

	लता	**मति**	**धेनु**	**नदी**	**वधू**
1	लता	मतिः	धेनुः	नदी	वधूः
2	लताम्	मतिम्	धेनुम्	नदीम्	वधूम्
3	लतया	मत्या	धेन्वा	नद्या	वध्वा
4	लतायै	मतये	धेनवे	नद्यै	वध्वै
5-6	लतायाः	मतेः	धेनोः	नद्याः	वध्वाः
7	लतायाम्	मतौ	धेनौ	नद्याम्	वध्वाम्
8	लते	मती	धेनू	नद्यौ	वध्वौ
9	लताभ्याम्	मतिभ्याम्	धेनुभ्याम्	नदीभ्याम्	वधूभ्याम्
10	लतयोः	मत्योः	धन्वोः	नद्योः	वेध्वोः
11	लताः	मतयः	धेनवः	नद्यः	वध्वः
12	लताः	मतीः	धेनूः	नदीः	वधूः
13	लताभिः	मतिभिः	धेनुभिः	नदीभिः	वधूभिः
14-15	लताभ्यः	मतिभ्यः	धेनुभ्यः	नदीभ्यः	वधूभ्यः
16	लतानाम्	मतीनाम्	धेनूनाम्	नदीनाम्	वधूनाम्
17	लतासु	मतिषु	धेनुषु	नदीषु	वधूषु
18	लते	मते	धेनो	नदि	वधु

क. 4-7 में मति नदी की तरह और धेनु वधू की तरह भी चलते हैं- 4 मत्यै धेन्वै 5-6. मत्याः धेन्वाः 7. मत्याम् धेन्वाम्। 1 वधूः में विसर्ग है, नदी में नहीं। फिर 1 लक्ष्मी में भी विसर्ग है।

इन टिप्पणियों को तब पढ़ना चाहिये जब शब्दों की रूपावली याद हो जाये।

15 एकाक्षर स्वरान्त शब्द

विश्व-

	पा	धी	प्रधी	स्त्री
1	पा:	धी:	प्रधी:	स्त्रियम् स्त्रीम्
2	पाम्	धियम्	प्रध्यम्	स्त्रिया
3	पा	धिया	प्रध्या	स्त्रिया
4	पे	धिये	प्रध्ये	स्त्रियै
5-6	प:	धिय:	प्रध्य:	स्त्रिया:
7	पि	धियि	प्रध्यि	स्त्रियाम्
8	पौ	धियौ	प्रध्यौ	स्त्रियौ
9	पाभ्याम्	धीभ्याम्	प्रधीभ्याम्	स्त्रीभ्याम्
10	पो:	धियो:	प्रध्यो:	स्त्रियो:
11	पा:	धिय:	प्रध्य:	स्त्रिय:
12	प:	धिय:	प्रध्य:	स्त्रिय: स्त्री:
13	पाभि:	धीभि:	प्रधीभि:	स्त्रीभि:
14-15	पाभ्य:	धीभ्य:	प्रधीभ्य:	स्त्रीभ्य:
16	पाम्	धियाम्	प्रध्याम्	स्त्रीणाम्
17	पासु	धीषु	प्रधीषु	स्त्रीषु
18				स्त्रि

पा केवल 1, 2, 8, 11 में स्वर के पहले रह पाता है; अन्यत्र तो प् हो जाता है। स्वरों के पहले धी धिय् हो जाता है, प्रधी प्रध्य्। स्त्री भी स्त्रिय्, लेकिन 2, 12 में अनियमित रूप भी हैं। आगे भू और वर्षा-भू में ही ऐसा ही भेद है। रूपों को देखकर यह नहीं कह सकते कि इनमें कौन पु. है, कौन स्त्री.। न. शब्द तो दीर्घ स्वरान्त होते ही नहीं।

16 एकाक्षर स्वरान्त शब्द

	भू	वर्षा-भू	क्री	भ्रू
1	भूः	भूः	क्रीः	भ्रूः
2	भुवम्	भ्वम्	क्रियम्	भ्रुवम्
3	भुवा	भ्वा	क्रिया	भ्रुवा
4	भुवे	भ्वे	क्रिये	भ्रुवे
5-6	भुवः	भ्वः	क्रियः	भ्रुवः
7	भुवि	भ्वि	क्रियि	भ्रुवि
8	भुवौ	भ्वौ	क्रियौ	भ्रुवौ
9	भूभ्याम्	भूभ्याम्	क्रीभ्याम्	भ्रूभ्याम्
10	भुवोः	भ्वोः	क्रियोः	भ्रुवोः
11-12	भुवः	भ्वः	क्रियः	भ्रुवः
13	भूभिः	भूभिः	क्रीभिः	भ्रूभिः
14-15	भूभ्यः	भूभ्यः	क्रीभ्यः	भ्रूभ्यः
16	भुवाम्	भ्वाम्	क्रियाम्	भ्रुवाम्
17	भूषु	भूषु	क्रीषु	भ्रूषु

भू और वर्षा-भू के रूपों का अन्तर देखें। फिर धी और क्री तथा भू और भ्रू की भी समानता देखें।

संयुक्त व्यंजन के बाद वाला ई और ऊ क्रमशः इय् और उव् हो जाते हैं, यदि आगे स्वरादि विभक्ति हो। लेकिन एक व्यंजन के बाद वाले ई ऊ में यह कहीं होता है, कहीं नहीं। धी भू में होता है, प्रधी, वर्षा-भू में नहीं। इसका रहस्य कभी आगे समझ में आयेगा।

17 एकाक्षर स्वरान्त शब्द

	रै	गो	नौ
1-18	राः	गौः	नौः
2	रायम्	गाम्	नावम्
3	राया	गवा	नावा
4	राये	गवे	नावे
5-6	रायः	गोः	नावः
7	रायि	गवि	नावि
8	रायौ	गावौ	नावौ
9	राभ्याम्	गोभ्याम्	नौभ्याम्
10	रायोः	गवोः	नावोः
11	रायः	गावः	नावः
12	रायः	गाः	नावः
13	राभिः	गोभिः	नौभिः
14-15	राभ्यः	गोभ्यः	नौभ्यः
16	रायाम्	गवाम्	नावाम्
17	रासु	गोषु	नौषु

गो शब्द 1, 8, 11 पर सबल रूप वाला हो जाता है। फिर 2 और 12 पर तो अबल हो जाता है। अन्यत्र आधार गो है। रै का 1 रूप राः ध्यान देने योग्य है। उसी तरह मध्यम रूपों में भी आधार रा-है। नौ शब्द पूर्णतः नियमित है। ध्यान से देखें-अ आ के बाद सु नहीं बदलता। अन्य स्वरों के बाद यह षु हो जाता है। आगे भी देखेंगे कि क् र् के बाद यह-षु हो जाता है। फिर क् के बाद तो इसका रूप भी बदल जाता है-वाक्+सु = वाक्षु (वाक्षु)।

	वाच्	रुज्	दिश्
1–18	वाक्	रुक्	दिक्
2	वाचम्	रुजम्	दिशम्
3	वाचा	रुजा	दिशा
4	वाचे	रुजे	दिशे
5–6	वाचः	रुजः	दिशः
7	वाचि	रुजि	दिशि
8	वाचौ	रुजौ	दिशौ
9	वाग्भ्याम्	रुग्भ्याम्	दिग्भ्याम्
10	वाचोः	रुजोः	दिशोः
11–12	वाचः	रुजः	दिशः
13	वाग्भिः	रुग्भिः	दिग्भिः
14–15	वाग्भ्यः	रुग्भ्यः	दिग्भ्यः
16	वाचाम्	रुजाम्	दिशाम्
17	वाक्षु	रुक्षु	दिक्षु

शब्द के अन्त में च् ज् श् नहीं रह सकते। वे क् हो जाते हैं। भ्याम् आदि विभक्तियों के पहले यह ग् हो जाता है, पर क् अगले सु को षु बना देता है।

कवर्ग (क ख ग घ ङ) और टवर्ग (ट ठ ड ढ ण) से अन्त होने वाले व्यंजनान्त शब्द हैं ही नहीं। चवर्ग में भी झ से तथा पवर्ग में फ ब से अन्त होने वाले व्यंजनान्त शब्द नहीं हैं। य् और ल् से अन्त होने वाले शब्द भी नहीं हैं।

33 व्यंजनों में 14 व्यंजन ही शब्द के अन्त में देखे जाते हैं। वे भी शब्दरूप या धातुरूप के अन्त में घटकर 8 हो जाते हैं।

19 एकाक्षर व्यंजनान्त शब्द

	इन्द्र-	अग्नि-	सु-	
	जित्	**मथ्**	**हृद्**	**युध्**
1-18	जित्	मत्	सुहृत्	युत्
2	जितम्	मथम्	हृदम्	युधम्
3	जिता	मथा	हृदा	युधा
4	जिते	मथे	हृदे	युधे
5-6	जितः	मथः	हृदः	युधः
7	जिति	मथि	हृदि	युधि
8	जितौ	मथौ	हृदौ	युधौ
9	जिद्भ्याम्	मद्भ्याम्	हृद्भ्याम्	युद्भ्याम्
10	जितोः	मथोः	हृदोः	युधोः
11-12	जितः	मथः	हृदः	युधः
13	जिद्भिः	मद्भिः	हृद्भिः	युद्भिः
14-15	जिद्भ्यः	मद्भ्यः	हृद्भ्यः	युद्भ्यः
16	जिताम्	मथाम्	हृदाम्	युधाम्
17	जित्सु	मत्सु	हृत्सु	युत्सु

शब्दों के अन्त में थ् द् ध् भी केवल त् में बदल जाते हैं। भ्याम् आदि विभक्तियों के पहले यह द् हो जाता है। सु के पहले त्।

थ् से अन्त होने वाले शब्द बहुत कम होते हैं।

	धर्म- गुप्	ककुभ्
1–18	गुप्	ककुप्
2	गुपम्	ककुभम्
3	गुपा	ककुभा
4	गुपे	ककुभे
5–6	गुपः	ककुभः
7	गुपि	ककुभि
8	गुपौ	ककुभौ
9	गुब्भ्याम्	ककुब्भ्याम्
10	गुपोः	ककुभोः
11–12	गुपः	ककुभः
13	गुब्भिः	ककुब्भिः
14–15	गुब्भ्यः	ककुब्भ्यः
16	गुपाम्	ककुभाम्
17	गुप्सु	ककुप्सु

शब्दों के अन्त में भ् की जगह केवल प् रहता है। लेकिन भ्याम् आदि विभक्तियों के पहले यह ब् हो जाता है। सु के पहले प्।

फ् और ब् के अन्त होने वाले शब्द संस्कृत में नहीं हैं।

21 एकाक्षर व्यंजनान्त शब्द

	राज्	विश्	द्विष्	लिह्
1-18	राट्	विट्	द्विट्	लिट्
2	राजम्	विशम्	द्विषम्	लिहम्
3	राजा	विशा	द्विषा	लिहा
4	राजे	विशे	द्विषे	लिहे
5-6	राजः	विशः	द्विषः	लिहः
7	राजि	विशि	द्विषि	लिहि
8	राजौ	विशौ	द्विषौ	लिहौ
9	राड्भ्याम्	विड्भ्याम्	द्विड्भ्याम्	लिड्भ्याम्
10	राजोः	विशोः	द्विषोः	लिहोः
11-12	राजः	विशः	द्विषः	लिहः
13	राड्भिः	विड्भिः	द्विड्भिः	लिड्भिः
14-15	राड्भ्यः	विड्भ्यः	द्विड्भ्यः	लिड्भ्यः
16	राजाम्	विशाम्	द्विषाम्	लिहाम्
17	राट्सु	विट्सु	द्विट्सु	लिट्सु

शब्दों के अन्त में ज् श् ष् ह् की जगह केवल ट् आता है। भ्याम् आदि विभक्तियों के पहले फिर यही ड् हो जाता है। सु के पहले ट्।

22 एकाक्षर व्यंजनान्त शब्द

	उपानह् (= उप+आ+नह्)
1	उपानत्
2	उपानहम्
3	उपानहा
4	उपानहे
5-6	उपानहः
7	उपानहि
8	उपानहौ
9	उपानद्भ्याम्

10	उपानहोः
11-12	उपानहः
13	उपानद्भिः
14-15	उपानद्भ्यः
16	उपानहाम्
17	उपानत्सु

उपानह् के अन्त में ह् की जगह त् आता है। भ्याम् आदि के पहले यह द् बन जाता है। शायद यही एक शब्द है जिसका ह् पदान्त में त् हो जाता है। -सु के पहले त्।

आप ध्यान से देखेंगे तो मालूम पड़ेगा कि शब्द का अन्तिम ह् कभी क् रह जाता है, कभी ट् और केवल एक उपानह् में त्। अनड्वह् का भी ह् त् ही में बदलता है, पर 1 रूप कुछ बहक जाता है।

23 एकाक्षर व्यंजनान्त शब्द

	काम-	काम-	सर्व-	सर्व-
	दह्	**दुह्**	**बुध्**	**दभ्**
1-18	धक्	धुक्	भुत्	धप्
2	दहम्	दुहम्	बुधम्	दभम्
3	दहा	दुहा	बुधा	दभा
4	दहे	दुहे	बुधे	दभे
5-6	दहः	दुहः	बुधः	दभः
7	दहि	दुहि	बुधि	दभि
8	दहौ	दुहौ	बुधौ	दभौ
9	धग्भ्याम्	धुग्भ्याम्	भुद्भ्याम्	धब्भ्याम्
10	दहोः	दुहोः	बुधोः	दभोः
11-12	दहः	दुहः	बुधः	दभः
13	धग्भिः	धुग्भिः	भुद्भिः	धब्भिः
14-15	धग्भ्यः	धुग्भ्यः	भुद्भ्यः	धब्भ्यः
16	दहाम्	दुहाम्	बुधाम्	दभाम्
17	धक्षु	धुक्षु	भुत्सु	धप्सु

कुछ शब्दों का अन्तिम ह् तो क् में बदल जाता है, पर पहले अक्षर का अल्पप्राण महाप्राण बन जाता है। ध् भी त् हो जाता है, और भ् भी प्; फिर पहले अक्षर का अल्पप्राण महाप्राण हो जाता है। भ्याम् आदि विभक्तियों के पहले क् ग् हो जाता है, त् द् और प् ब्। क् के बाद सु षु हो जाता है [दह्+सु = धक्षु = धक्षु]।

24 सबल, अबल और मध्यम रूप वाले एकाक्षर व्यंजनान्त शब्द

	अनड्-वह्	वृत्र-हन्	पद्	अप्
1	वान्	हा	पात्	–
2	वाहम्	हणम्	पादम्	–
3	अनडुहा	घ्ना	पदा	–
4	अनडुहे	घ्ने	पदे	–
5-6	अनडुहः	घ्नः	पदः	–
7	अनडुहि	घ्नि	पदि	–
8	वाहौ	हणौ	पादौ	–
9	अनडुद्भ्याम्	ह-भ्याम्	पद्भ्याम्	–
10	अनडुहोः	घ्नोः	पदोः	–
11	वाहः	हणः	पादः	आपः
12	अनडुहः	घ्नः	पदः	अपः
13	अनडुद्भिः	हभिः	पद्भिः	अद्भिः
14-15	अनडुद्भ्यः	हभ्यः	पद्भ्यः	अद्भ्यः
16	अनडुहाम्	घ्नाम्	पदाम्	अपाम्
17	अनडुत्सु	हसु	पत्सु	अप्सु
18	अनड्वन्	हन्		

अनड्-वह् = अनस् 'गाड़ी' + वह् 'खींचने वाला'। ऐसा लगता है कि 1 रूप पर यह वन्त् है जो अन्ततः वान् हो जाता है। संबोधन में -वन् रह जाता है। इसका अन्तिम ह् भी भ्याम् आदि के पहले द् तथा सु के पहले

त् दीखता है। -हन् कहाँ अनियमित है, यह भी देखें। अप् भी भिस् आदि के पहले अद् हो जाता है।

25 एकाक्षर व्यंजनान्त शब्द

	द्वार्	गिर्	पुर्
1	द्वाः	गीः	पूः
2	द्वारम्	गिरम्	पुरम्
3	द्वारा	गिरा	पुरा
4	द्वारे	गिरे	पुरे
5-6	द्वारः	गिरः	पुरः
7	द्वारि	गिरि	पुरि
8	द्वारौ	गिरौ	पुरौ
9	द्वार्भ्याम्	गीर्भ्याम्	पूर्भ्याम्
10	द्वारोः	गिरोः	पुरोः
11-12	द्वारः	गिरः	पुरः
13	द्वार्भिः	गीर्भिः	पूर्भिः
14-15	द्वार्भ्यः	गीर्भ्यः	पूर्भ्यः
16	द्वाराम्	गिराम्	पुराम्
17	द्वार्षु	गीर्षु	पूर्षु

र् के बाद सु षु हो जाता है। व्यंजनादि (मध्यम) विभक्तियों के पहले र् का पूर्ववर्ती स्वर दीर्घ हो जाता है। यही बात समास में भी होता है-पुर्+पति = पूःपति, इत्यादि। गिर्+पति = गीःपति। पूः+उष (पुरि वसति =) पूरुषः। बाद में यह पुरुष हो गया। संस्कृत में केवल पुरुष ही है।

	आशिष्	दिव्	मास्
1	आशीः	द्यौः	माः
2	आशिषम्	दिवम्	मासम्
3	आशिषा	दिवा	मासा
4	आशिषे	दिवे	मासे
5-6	आशिषः	दिवः	मासः
7	आशिषि	दिनि	मासि
8	आशिषौ	दिवौ	मासौ
9	आशीर्भ्याम्	द्यु-भ्याम्	माभ्याम्
10	आशिषोः	दिवोः	मासोः
11-12	आशिषः	दिवः	मासः
13	आशीर्भिः	द्युभिः	माभिः
14-15	आशीर्भ्यः	द्युभ्यः	माभ्यः
16	आशिषाम्	दिवाम्	मासाम्
17	आशीःषु	द्युषु	माःसु

17वें रूप में -सु का बदलना देखें। समास में दिव् का रूप द्यु रहता है-दिव्+लोक = द्युलोक। आशिष् भी आशीः। आशिष्+वाद् = आशीर्वाद। आशिष्+कल्पना = आशीःकल्पना।

वेद में मास् का स् भ्याम् आदि के पहले द् तथा सु के पहले त् हो जाता है-माद्भ्याम् मात्सु।

पीछे देखा होगा-अप्+भिस् = अद्भिः।

27 अनेकाक्षर व्यंजनान्त शब्द

एक सबल रूप वाला

	वेधस्	**अप्सरस्**	**धनिन्**	**चन्द्र-मस्**
1	**वेधाः**	**अप्सराः**	**धनी**	**माः**
2	वेधसम्	अप्सरसम्	धनिनम्	मसम्
3	वेधसा	अप्सरसा	धनिना	मसा
4	वेधसे	अप्सरसे	धनिने	मसे
5-6	वेधसः	अप्सरसः	धनिनः	मसः
7	वेधसि	अप्सरसि	धनिनि	मसि
8	वेधसौ	अप्सरसौ	धनिनौ	मसौ
9	वेधोभ्याम्	अप्सरोभ्याम्	धनिभ्याम्	मोभ्याम्
10	वेधसोः	अप्सरसोः	धनिनोः	मसोः
11-12	वेधसः	अप्सरसः	धनिनः	मसः
13	वेधोभिः	अप्सरोभिः	धनिभिः	मो-भिः
14-15	वेधोभ्यः	अप्सरोभ्यः	धनिभ्यः	मोभ्यः
16	वेधसाम्	अप्सरसाम्	धनिनाम्	मसाम्
17	वेधःसु	अप्सरःसु	धनिषु	मःसु
18	वेधः	अप्सरः	धनिन्	-मः

-अस् भाग भ्याम् आदि विभक्तियों के पहले ओ हो जाता है। यही बात समास में भी-अप्सरस्+रूप = अप्सरोरूप। अन्यत्र-सु के पहले जैसा-अप्सरस्+कन्या = अप्सरःकन्या।

धनिन् के रूप वेधस् से रामानता और असमानता दिखाने के लिये रखे गये हैं।

एक सबल रूप वाला सुमनस् = वेधस्

	सुमनस्	**सुहविस्**	**दीर्घायुस्**
1-18	**सुमनाः**	सुहविः	दीर्घायुः
2	सुमनसम्	सुहविषम्	दीर्घायुषम्
3	सुमनसा	सुहविषा	दीर्घायुषा
4	सुमनसे	सुहविषे	दीर्घायुषे
5-6	सुमनसः	सुहविषः	दीर्घायुषः
7	सुमनसि	सुहविषि	दीर्घायुषि
8	सुमनसौ	सुहविषौ	दीर्घायुषौ
9	सुमनोभ्याम्	सुहविर्भ्याम्	दीर्घायुर्भ्याम्
10	सुमनसोः	सुहविषोः	दीर्घायुषोः
11-12	सुमनसः	सुहविषः	दीर्घायुषः
13	सुमनोभिः	सुहविर्भिः	दीर्घायुर्भिः
14-15	सुमनोभ्यः	सुहविर्भ्यः	दीर्घायुर्भ्यः
16	सुमनसाम्	सुहविषाम्	दीर्घायुषाम्
17	सुमनःसु	सुहविःषु	दीर्घायुःषु

अस् इस् उस् भागान्त शब्द न. होते हैं, पर किसी शब्द से मिलकर ये विशेषण हो जाते हैं। उस अवस्था में 1, 2, 8, 11, 12 पर उनके स्त्री. पुं. वाले रूप प्रकट होते हैं। अन्य रूप तो न. जैसे ही हैं।

तुलना करें-

1-2 मनः	8 मनसी	11-2 मनांसि
हविः	हविषी	हवींषि
आयुः	आयुषी	आयूंषि

1 **सुमनाः**	2 सुमनसम्	8 समुमनसौ	11-12 सुमनसः
सुहविः	सुहविषम्	सुहविषौ	सुहविषः
दीर्घायुः	दीर्घायुषम्	दीर्घायुषौ	दीर्घायुषः

29 अनेकाक्षर व्यंजनान्त शब्द

एक सबल रूपवाला धनिन्

चार सबल रूप वाला गच्छत्

	धनिन्	**गच्छत्**
1	**धनी**	गच्छन्
2	धनिनम्	गच्छन्तम्
3	धनिना	गच्छता
4	धनिने	गच्छते
5-6	धनिन:	गच्छत:
7	धनिनि	गच्छति
8	धनिनौ	गच्छन्तौ
9	धनिभ्याम्	गच्छद्भ्याम्
10	धनिनो:	गच्छतो:
11-12	धनिन:	11 गच्छन्त: 12 गच्छत:
13	धनिभि:	गच्छद्भि:
14-15	धनिभ्य:	गच्छद्भ्य:
16	धनिनाम्	गच्छताम्
17	धनिषु	गच्छत्सु

धनिन् का 1 रूप सबल है। गच्छत् के 1, 2, 8, 11 रूप सबल हैं। समास में इनका अबल रूप रहता है।

धनिन् के रूपों की समानता वेधस् से है: 1. धनी वेधा: - इनके ये ही रूप सबल हैं।

गच्छत् का 1 रूप ही भवत् से भिन्न है: गच्छन् **भवान्**। अन्यत्र दोनों के रूप एक समान हैं।

सबलतर और अबल रूप वाले

	महत्	**भवत्**	**धीमत्**
1	**महान्**	**भवान्**	**धीमान्**
2	महान्तम्	भवन्तम्	धीमन्तम्
3	महता	भवता	धीमता
4	महते	भवते	धीमते
5-6	महतः	भवतः	धीमतः
7	महति	भवति	धीमति
8	**महान्तौ**	भवन्तौ	धीमन्तौ
9	महद्भ्याम्	भवद्भ्याम्	धीमद्भ्याम्
10	महतोः	भवतोः	धीमतोः
11	**महान्तः**	भवन्तः	धीमन्तः
12	महतः	भवतः	धीमतः
13	महद्भिः	भवद्भिः	धीमद्भिः
14-15	महद्भ्यः	भवद्भ्यः	धीमद्भ्यः
16	महताम्	भवताम्	धीमताम्
17	महत्सु	भवत्सु	धीमत्सु
18	महन्		धीमन्

महत् के 1, 2, 8, 11 रूप सबलतर हैं। भवत् का संबोधन रूप भी कभी भवः था, जो सिकुड़कर भोः बन गया। भवत् का भी 1 रूप सबलतर है। धीमन् का भी। अन्यथा, ये गच्छत् के ही समान हैं।

धीमत् के समान ही गुणवत् विद्यावत् आदि के रूप होते हैं-1. गुणवान् विद्यावान् 2. गुणवन्तम् विद्यावन्तम् 3. गुणवता विद्यावता।

31 अनेकाक्षर व्यंजनान्त शब्द

सबल, अबल और मध्यम रूप वाले

	विद्वस्	जग्मिवस्	राजन्
1	**विद्वान्**	**जग्मिवान्**	**राजा**
2	**विद्वांसम्**	**जग्मिवांसम्**	**राजानम्**
3	विदुषा	जग्मुषा	राज्ञा
4	विदुषे	जग्मुषे	राज्ञे
5-6	विदुषः	जग्मुषः	राज्ञः
7	विदुषि	जग्मुषि	राज्ञि, राजनि
8	**विद्वांसौ**	**जग्मिवांसौ**	**राजानौ**
9	विद्वद्भ्याम्	जग्मिवद्भ्याम्	राजभ्याम्
10	विदुषोः	जग्मुषोः	राज्ञोः
11	**विद्वांसः**	**जग्मिवांसः**	**राजानः**
12	विदुषः	जग्मुषः	राज्ञः
13	विद्वद्भिः	जग्मिवद्भिः	राजभिः
14-15	विद्वद्भ्यः	जग्मिवद्भ्यः	राजभ्यः
16	विदुषाम्	जग्मुषाम्	राज्ञाम्
17	विद्वत्सु	जग्मिवत्सु	राजसु
18	विद्वन्	जग्मिवन्	राजन्

आत्मन् के भी रूप राजन् की तरह हैं, पर संयुक्त अक्षर त्म का अ लुप्त नहीं होता।

1. आत्मा 2. आत्मानम् 3. आत्मना

4. आत्मने 5-6. आत्मनः 7. आत्मनि

8. आत्मानौ 9. आत्म-भ्याम् 10. आत्मनोः

11. आत्मानः 12. आत्मनः 13. आत्मभिः

14-15. आत्मभ्यः 16. आत्मनाम् 17. आत्मसु

18. आत्मन्। ग्रावन् 1. ग्रावा 2. ग्रावाणाम् 3. ग्राव्णा इत्यादि राजन् की तरह -वन् का अ लुप्त हो जाता है।

ऋकारान्त शब्द, जो राजन् की तरह चलते हैं

दातृ = दातर् पितृ = पितर् मातृ = मातर् स्वसृ = स्वसर्

1	**दाता**	पिता	माता	**स्वसा**
2	**दातारम्**	पितरम्	मातरम्	**स्वस्वारम्**
3	दात्रा	पित्रा	मात्रा	स्वस्रा
4	दात्रे	पित्रे	मात्रे	स्वस्रे
5-6	दातुः	पितुः	मातुः	स्वसुः
7	दातरि	पितरि	मातरि	स्वसरि
8	**दातारौ**	पितरौ	मातरौ	**स्वसारौ**
9	दातृभ्याम्	पितृभ्याम्	मातृभ्याम्	स्वस्रभ्याम्
10	दात्रोः	पित्रोः	मात्रोः	स्वस्रोः
11	**दातारः**	पितरः	मातरः	**स्वसारः**
12	दातॄन्	पितॄन्	मातॄः	स्वसॄः
13	दातृ-भिः	पितृभिः	मातृभिः	स्वसृभिः
14-15	दातृभ्यः	पितृभ्यः	मातृभ्यः	स्वसृभ्यः
16	दातॄणाम्	पितॄणाम्	मातॄणाम्	स्वसॄणाम्
17	दातृषु	पितृषु	मातृषु	स्वसृषु
18	दातः	पितः	मातः	स्वसः

कर्तृवाचक (दातृ) और संबंधवाचक (मातृ पितृ) के सबल रूपों में अन्तर है। पर स्वसृ संबंधवाचक होकर भी दातृ के समान है। भर्तृ भी दातृ के ही समान चलता है। भर्तृ पहले कर्तृवाचक है (भरण-पोषण करने वाला), तब संबंधवाचक।

रूप 16 का मिलान करें-देवानाम्, लेकिन हरीणाम्, कुरूणाम्, पितृणाम् दातृणाम्। र् और ष् के कारण अगला न् मूर्धन्य ण् हो जाता है।

	पथिन्	श्वन्	युवन्	पुमस्
1	**पन्थाः**	**श्वा**	**युवा**	**पुमान्**
2	**पन्थानम्**	**श्वानम्**	**युवानम्**	**पुमांसम्**
3	पथा	शुना	यूना	पुंसा
4	पथे	शुने	यूने	पुंसे
5-6	पथः	शुनः	यूनः	पुंसः
7	पथि	शुनि	यूनि	पुंसि
8	**पन्थानौ**	**श्वानौ**	**युवानौ**	**पुमांसौ**
9	पथिभ्याम्	श्वभ्याम्	युवभ्याम्	पुंभ्याम्
10	पथोः	शुनोः	यूनोः	पुंसोः
11	**पन्थानः**	**श्वानः**	**युवानः**	**पुमांसः**
12	पथः	शुनः	यूनः	पुंसः
13	पथिभिः	श्वभिः	युवभिः	पुंभिः
14-15	पथिभ्यः	श्वभ्यः	युवभ्यः	पुंभ्यः
16	पथाम्	शुनाम्	यूनाम्	पुंसाम्
17	पथिषु	श्वसु	युवसु	पुंसु
18	पथिन्	श्वन्	युवन्	पुमन्

मघवन् सबल रूपों में मघवान्, अबल रूपों में मघ-उन् = मघोन् तथा मध्यम रूपों में मघव-रहता है। पथिन् के तीन आधार-1. पन्था 2, 8, 11 पन्थान् अन्यत्र पथि-। श्वन् 1, 2, 8, 11 श्वान्-3, 7, 10, 16 शुन्-, अन्यत्र श्व-। युवन् 1, 2, 8, 12 युवान् 3-7, 10, 16 यून्-, अन्यत्र युव-। पुमस् 1, 2, 8, 10 पुमांस् - 3-7, 10, 12, 16 पुंस्, अन्यत्र पुम्-।

33 अञ्च् भागान्त

	प्रत्यञ्च्	प्राञ्च्	सम्यञ्च्
1	**प्रत्यङ्**	**प्राङ्**	**सम्यङ्**
2	**प्रत्यञ्चम्**	**प्राञ्चम्**	**सम्यञ्चम्**
3	प्रतीचा	प्राचा	समीचा
4	प्रतीचे	प्राचे	समीचे
5-6	प्रतीचः	प्राचः	समीचः
7	प्रतीचि	प्राचि	समीचि
8	**प्रत्यञ्चौ**	**प्राञ्चौ**	**सम्यञ्चौ**
9	प्रत्यग्भ्याम्	प्राग्भ्याम्	सम्यग्भ्याम्
10	प्रतीचोः	प्राचोः	समीचोः
11	**प्रत्यञ्चः**	**प्राञ्चः**	**सम्यञ्चः**
12	प्रतीचः	प्राचः	समीचः
13	प्रत्यग्भिः	प्राग्भिः	सम्यग्भिः
14-15	प्रत्यग्भ्यः	प्राग्भ्यः	सम्यग्भ्यः
16	प्रतीचाम्	प्राचाम्	समीचाम्
17	प्रत्यक्षु	प्राक्षु	सम्यक्षु

प्रत्यञ्च्+स् = प्रत्यङ्क् > प्रत्यङ्। संस्कृत शब्दों के अन्त में दो व्यंजन नहीं रह सकते। उसी तरह-गच्छन्त्+स् = गच्छन्। विद्वांस्+स् = विद्वान्।

तीन अलग-अलग आधार को देखें-

प्रत्यञ्च्	प्रत्यक् (ग्)	प्रतीच्
प्राञ्च्	प्राक् (ग्)	प्राच्
सम्यञ्च्	सम्यक् (ग्)	समीच्

व्यंजनान्त स्त्री. और पुं. शब्दों के रूप एक ही जैसे होते हैं, पर बहुत से पुलिंग शब्द स्त्री. में बदल भी जाते हैं। तब वे स्त्री. शब्द स्वरान्त हो जाते हैं। स्त्री. बनाने वाले प्राय: तीन स्वर हैं-आ ई ऊ।

क. अकारान्त पुं. शब्द कहीं आ से और कहीं ई से स्त्री. बन जाते हैं-अज अजा, वर्तमान वर्तमाना, देव देवी, इत्यादि। कहते हैं, व्यंजनान्त शब्दों में भी आ लगता है-वाच् वाचा, निश् निशा।

ख. निम्नलिखित शब्द ई से ही स्त्री. बनते हैं-

1. अत् भागान्त क्रियात्मक विशेषण, जिनमें अधिकांश अन्त् हो जाते हैं-गच्छत् गच्छन्ती, दीव्यत् दीव्यन्ती, चोरयत् चोरयन्ती, लेकिन तुदत् तुदती तुदन्ती। अदत् अदती, स्नात् स्नाती और स्नान्ती, जुह्वत् जुह्वती, सुन्वत् सुन्वती, कुर्वत् कुर्वती रुन्धत् रुन्धती, क्रीणत् क्रीणती।

2. वस् अन् ऋ भागान्त शब्द अपने अबल रूपों में ई लगाते हैं-विद्वस् विदुषी, जग्मिवस् जग्मुषी, राजन् राज्ञी, कर्तृ कर्त्री।

3. अन्यत्र भी ई अबल आधार में ही लगता है-सम्यञ्च् समीची, प्रत्यञ्च् प्रतीची।

35 सर्वनाम

क.	उत्तम पुरुष	मध्यम पुरुष
1	अहम्	त्वम्
2	माम्	त्वाम्
3	मया	त्वया
4	मह्यम्	तुभ्यम्
5	मत्	त्वत्
6	मम	तव
7	मयि	त्वयि
8	आवाम्	युवाम्
9	आवाभ्याम्	युवाभ्याम्
10	आवयोः	युवयोः
11	वयम्	यूयम्
12	अस्मान्	युष्मान्
13	अस्माभिः	युष्माभिः
14	अस्मभ्यम्	युष्मभ्यम्
15	अस्मत्	युष्मत्
16	अस्माकम्	युष्माकम्
17	अस्मासु	युष्मासु

संस्कृत व्याकरण में उत्तम पु. को अस्मद् और मध्यम पु. को युष्मद् कहते हैं। इन्हीं के साथ किसी शब्द को जोड़ते भी हैं-अस्माकं पिता = अस्मत्पिता (हमारे पिता), युष्माकं माता = युष्मन्माता (तुम्हारी माँ)। एकवचन में-मम पिता = मत्पिता, तव माता = त्वन्माता।

ख. प्रथम पुरुष

	पुं.	स्त्री.	पुं.	स्त्री.	पुं.	स्त्री.
	त-(वह)	ता-	अ-(यह)	आ-	अमु (वह)	अम्
1	सः	सा	अयम्	इयम्		असो
2	तम्	ताम्	इमम्	इमाम्	अमुम्	अमूम्

3	तेन	तया	अनेन	अनया	अमुना	अमुया
4	तस्मै	तस्यै	अस्मै	अस्यै	अमुष्मै	अमुष्यै
5	तस्मात्	तस्याः	अस्मात्	अस्याः	अमुष्मात्	अमुष्याः
6	तस्य	"	अस्य	"	अमुष्य	"
7	तस्मिन्	तस्याम्	अस्मिन्	अस्याम्	अमुष्मिन्	अमुष्याम्
8	तौ	ते	इमौ	इमे		अमू
9	ताभ्याम्	ताभ्याम्	आभ्याम्	आभ्याम्		अमूभ्याम्
10	तयोः	तयोः	अनयोः	अनयोः		अमुयोः
11	ते	ताः	इमे	इमाः	अमी	अमूः
12	तान्	ताः	इमान्	इमाः	अमून्	"
13	तैः	ताभिः	एभिः	आभिः	अमीभिः	अमूभिः
14-15	तेभ्यः	ताभ्यः	एभ्यः	आभ्यः	अमीभ्यः	अमूभ्यः
16	तेषाम्	तासाम्	एषाम्	आसाम्	अमीषाम्	अमूषां
17	तेषु	तासु	एषु	आसु	अमीषु	अमूषु

त- के समान ही एत-(यह) चलता है-1 एषः एषा 2 एतम् एताम् इत्यादि।

9, 10 रूप स्त्री. पु. में एक ही समान होते हैं। देखिये 8 अमू (स्त्री. पु.)।

इन सभी रूपों को ध्यान देकर याद रखना चाहिये। अमु- के स्त्री. पु. रूपों को ठीक से देखें। 8, 9, 10 पर तो एक ही जैसे हैं।

36 संख्या

	पुलिंग	स्त्रीलिंग
1	एक:	एका
2	एकम्	एकाम्
3	एकेन	एकया
4	एकस्मै	एकस्यै
5	एकस्मात्	एकस्या:
6	एकस्य	"
7	एकस्मिन्	एकस्याम्
8	द्वौ	द्वे
9	द्वाभ्याम्	द्वाभ्याम्
10	द्वयो:	द्वयो:
11	त्रय: चत्वार:	तिस्र: चतस्र:
12	त्रीन् चतुर:	" "
13	त्रिभि: चतुर्भि:	तिसृभि: चतसृभि:
14-15	त्रिभ्य: चतुर्भ्य:	तिसृभ्य: चतसृभ्य:
16	त्रयाणाम् चतुर्णाम्	तिसृणाम् चतसृणाम्
17	त्रिषु चर्तुषु	तिसृषु चतसृषु

चार से आगे लिंग भेद नहीं है:

11-12	13	14-15	16	17
पंच	पंचभि:	-भ्य:	पंचानाम्	पंचसु
षट्	षड्भि:		षण्णाम्	षट्सु
सप्त	सप्तभि:		सप्तानाम्	सप्तसु
अष्ट, अष्टा	-भि:		अष्टानाम्	-सु
नव	नवभि:		नवानाम्	नवसु
दश	दशभि:		दशानाम्	दशसु
एकादश	-भि:		एकादशानाम्	-सु
द्वादश	-भि:		द्वादशानाम्	-सु

नपुंसक शब्द

	1-2	8	11-12
फल	फलम्	फले	फलानि
वारि	वारि	वारिणी	वारीणि
मधु	मधु	मधुनी	मधूनि
भाज्	भाक्	भाजी	भांजि
जगत्	जगत्	जगती	जगन्ति
जित्	जित्	जिती	जिन्ति
दोस्	दोः	दोषी	दोंषि
गच्छत्	गच्छत्	गच्छती	गच्छन्ति
महत्	महत्	महती	महान्ति
कियत्	कियत्	कियती	कियन्ति
तावत्	तावत्	तावती	तावन्ति
धीमत्	धीमत्	धीमती	धीमन्ति
गरीयस्	गरीयः	गरीयसी	गरीयांसि
मनस्	मनः	मनसी	मनांसि
हविस्	हविः	हविषी	हवींषि
आयुस्	आयुः	आयुषी	आयूंषि
अहन्	अहः	अहनी अह्नी	अहानि
विद्वस्	विद्वत्	विदुषी	विद्वांसि
चकृवस्	चकृवत्	चक्रुषी	चकृवांसि
प्रत्यञ्च्	प्रत्यक्	प्रतीची	प्रत्यञ्चि
नामन्	नाम	नाम्नी	नामानि
धनिन्	धनि	धनिनी	धनीनि
संख्या	एकम्	द्वे	त्रीणि चत्वारि
तत्	तत्	ते	तानि
इदम्	इदम्	इमे	इमानि
अदस्	अदः	अमू	अमूनि
अन्य	अन्यत्	अन्ये	अन्यानि

वारि और मधु

4 वारिणे मधुने 5-6 वारिणः मधुनः 7 वारिणि मधुनि 10 वारिणोः मधुनोः 18 वारि वारे मधु मधो

अन्यत्र, नपुंसक शब्दों के रूप पुंलिंग शब्दों के समान ही होते हैं।

प्रथम पुरुष के सर्वनाम के नपुंसक रूप ही समास में आते हैं-तस्य पुत्रः = तत्पुत्रः, अस्याः पिता = इदंपिता, एतेन कृतम् = एतत्कृतम्, अमुष्य रूपम् = अदोरूपम्।

संस्कृत वैयाकरण उन्हीं शब्दों को मौलिक मानते हैं जो समास में आते हैं या प्रत्यय लेते हैं। इसीलिये समास में या प्रत्यय के पहले अहम् के बदले मद् (मत्पुत्रः, मदीय) वयम् के बदले अस्मद् (अस्मत्पिता, अस्मदीय), पिता के बदले पितृ आदि लिखते हैं। जहाँ कहीं ऐसा नहीं हो पाता है, उसके लिए कुछ निर्देश देते हैं।

याद रखें-एक शब्द के भीतर पिछले र् ष् के प्रभाव से अगला न् मूर्धन्य ण् हो जाता है: हरि हरिणा कृष्ण। यदि बीच में स्वर अन्तःस्थ कवर्ग पवर्ग आ जाये तो भी न् ण् हो जाता है-राम रामेण रामायण विष विषेण भूषण। रघुनाथ में नहीं हुआ, क्योंकि रघु अलग है, नाथ अलग।

स् तो अ आ से भिन्न स्वर के बाद ही ष् हो जाता है-लतासु राजसु लेकिन देवेषु मुनिषु साधुषु। र् के बाद भी-द्वार्षु। क् के बाद भी-वाक्षु (वाक्षु)।

चौथा अध्याय

धातुरूप

क्रियाओं के रूप प्रथमा विभक्ति वाले कर्ता या कर्म के पुरुष और वचन के अनुसार अनेक कालों और अर्थों में बदलते हैं। इन्हें धातुरूप कहते हैं।

क. काल तीन हैं-वर्तमान, भूत और भविष्य। संस्कृत में वर्तमान बहुत व्यापक काल है। इसे लट् कहते हैं। भूत के तीन प्रकार हैं-परोक्ष भूत (लिट्), अनद्यतन भूत (लङ्) और आसन्न भूत (लुङ्)। भविष्य दो प्रकार के हैं-सामान्य (लृट्) और अनद्यतन (लुट्)।

ख. अर्थ दो हैं-आज्ञा (लोट्) और इच्छा (लिङ्)। लेकिन आसन्न भूत (लुङ्) के आधार से बना हुआ एक आशीर्लिङ् भी है, तथा सामान्य भविष्य का भूत रूप हेतुहेतुमद्भूत (लृङ्) भी एक अर्थ ही है। इस प्रकार अर्थ चार हैं-लोट् लिङ् आशीर्लिङ् और लृङ्।

39 धातुरूप बनाने के लिये पहले क्रियाको समतल बनाते हैं। यह आधार होता है, जिसमें विभक्ति को जोड़ते हैं। इसके लिए अधिकांश व्यंजनान्त धातुओं से हलन्त को हटा लेना पड़ता है:

पठ् (पढ़ना)	पठ-	पच् (पकाना)	पच-
गद् (बोलना)	गद-	नम् (झुकना)	नम-
चर् (चलना)	चर-	चल्	चल-
दह् (जलाना)	दह-	खन् (खनना)	खन-
यज् (पूजना)	यज-	पत् (गिरना)	पत-
तप् (गर्म होना)	तप-	नद् (गरजना)	नद-
फल् (फलनाा)	फल-	वद् (बोलना)	वद-
वस् (रहना)	वस -	वह् (ढोना)	वह-
वप् (बोना)	वप-	भज् (बाँटना)	भज-
भ्रम् (घूमना)	भ्रम-	शप् (गाली देना)	शप-

त्यज् (छोड़ना)	त्यज-	नन्द् (खुश होना)	नन्द-
शंस् (कहना)	शंस-	रक्ष् (रखना)	रक्ष-
मज्ज् (नहाना)	मज्ज-	धाव् (दौड़ना)	धाव-
खाद् (खाना)	खाद-	राज् (शोभना)	राज-
निन्द् (कोसना)	निन्द-	चुम्ब् (चूमना)	चुम्ब-
कूज् (कूजना)	कूज-	जीव् (जीना)	जीव-
खेल् (खेलना)	खेल-	ओष् (जलना)	ओष-
लिख् (लिखना)	लिख-	क्षिप् (फेंकना)	क्षिप-
विश् (घुसना)	विश-	दिश् (बताना)	दिश-
तुद् (दुखाना)	तुद-	कृष् (जोतना)	कृष-

इत्यादि।

40 वर्तमान काल (लट्)

विभक्तियाँ

		एकवचन	द्विवचन	बहुवचन
प्रथम	पु. 3	ति	तस्	न्ति
मध्यम	पु. 2	सि	थस्	थ
उत्तम	पु. 1	मि	वस्	मस्

क. आधार में विभक्तियों के लग जाने पर इनका स् विसर्ग बन जाता है।

ख. फिर वस् मस् के पहले आधार का अ आ हो जाता है।

ग. धातु पठ् आधार पठ-

धातुरूप

	1	2	3
3	पठ-ति	पठ-तः	पठ-न्ति
2	पठ-सि	पठ-थः	पठ-थ
1	पठा-मि	पठा-वः	पठा-मः

1. संस्कृत में वर्तमान काल एक ओर भूत को छूता है दूसरी ओर भविष्य को। कब आये? **अयमागच्छामि** = अभी आया हूँ। कब जाओगे? **एष गच्छामि** = अभी जाऊँगा।

वर्तमान के हर रूप को यह व्यक्त करता है-**स गच्छति** = वह जाता है, जा रहा है, गया है, जाता रहा है, जाया करता है।

कहानी में भूत के लिये भी वर्तमान का प्रयोग करते हैं-**तत्र मूषको वसति** = वहाँ चूहा रहता था। **काको वदति-कस्त्वम्** 1. कौए ने कहा-तू कौन है?

41 अनद्यतन भूतकाल (लङ्)

विभक्तियाँ

	1	2	3
3	त्	ताम्	न्
2	स्	तम्	त
1	म्	व	म

क. भूतकाल में धातु के पहले अ- भी लगाते हैं।

धातुरूप

	1	2	3
3	अ-पठ-त्	अ-पठ-ताम्	अ-पठ-न्
2	अ-पठः	अ-पठ-तम्	अ-पठ-त
1	अ-पठ-म्	अ-पठा-व	अ-पठा-म

ख. यदि क्रिया स्वर से शुरु होती है तो धातु के पहले (अ- की जगह) आ- लगता है और तब आ+इ ई = ऐ (ए नहीं), आ+उ ऊ = औ (ओ नहीं), आ+ऋ = आर् (अर् नहीं)-

इच्छ् (चाहना) आ+इच्छ+त् = ऐच्छत्,

उज्झ (छोड़ना) आ+उज्झ+त् = औज्झत्,

ऋच्छ (जाना) आ+ऋच्छ+त् = आर्च्छत्।

3	ऐच्छत्	ऐच्छताम्	ऐच्छन्
2	ऐच्छः	ऐच्छतम्	ऐच्छत
1	ऐच्छम्	ऐच्छाव	ऐच्छाम

ग. कहते हैं, लङ् आज के भूत के लिये नहीं है। अतः **अद्य सोऽपठत्** गलत माना जायेगा। लेकिन भूतकाल के लिये यही सबसे अधिक प्रचलित रूप है। केवल **अपठत्** से ही पढ़ा, पढ़ रहा था, पढ़ता था, पढ़ा था इत्यादि सब भाव व्यक्त होते हैं।

42 आज्ञार्थ (लोट्)

विभक्तियाँ

	1	2	3
3	तु	ताम्	न्तु
2	–	तम्	त
1	आनि	आव	आम

धातुरूप

3	पठ-तु	पठ-ताम्	पठ-न्तु
2	पठ	पठ-तम्	पठ-त
1	पठानि	पठा-व	पठा-म

याद रहे-चर् चराणि कृष् कृषाणि क्षिप् क्षिपाणि

43 इच्छार्थ (लिङ्)

विभक्तियाँ

	1	2	3
3	ईत्	ईताम्	ईयुस्
2	ईस्	ईतम्	ईत
1	ईयम्	ईव	ईम

क्रिया के आधार में जब विभक्ति का ई जुटता है तो दोनों मिलकर ए हो जाते हैं-

3	पठेत्	पठेताम्	पठेयुः
2	पठेः	पठेतम्	पठेत
1	पठेयम्	पठेव	पठेम

क. कहने के लिये आज्ञार्थ और इच्छार्थ दो भिन्न अर्थ हैं, पर व्यवहार में दोनों का एक-दूसरे के लिये प्रयोग होता है। इसलिये **स पठतु** और **स पठेत्** का एक ही अर्थ है: वह पढ़े। लेकिन **त्वं पठ** से **त्वं पठेः** कुछ विनम्र आज्ञा है। **अहं पठानि** एक इरादा है और **अहं पठेयम्** एक प्रबल इच्छा। फिर भी यह अन्तर ज्यादा महत्व नहीं रखता। लोट् और लिङ्-दोनों का प्रयोग आज्ञा, इच्छा, संभावना, उपदेश, आशीर्वाद आदि के लिये करते हैं-**चिराय जीव** = खूब जिओ। **ततस्त्वं गच्छेः** = तब तुम जाना। **त्यजानि किम्** = क्या छोड़ दूँ। **भवेयं शरणं तव** = तेरी शरण में आ जाऊँ। **विषं भवतु मा वास्तु** = विष हो या न हो। **जीवेत्स शिशुः** = संभव है, बच्चा जी जाए। **सत्यं वद** = सच बोलो। **तदा त्वं वदेः** = तब तुम बोलना।

याद रखें कि लट् लङ् लोट् और लिङ् के लिए क्रिया का एक ही आधार होता है।

44 हमने देखा कि कुछ व्यंजनान्त क्रियाओं के हलन्त हटा लेने से ही धातुरूपों के आधार तैयार हो जाते हैं। वास्तव में, हमने इनके आगे -अ जोड़ दिया था-पठ्+अ = पठ-।

क. कुछ अन्य क्रियाओं के भी आधार इसी -अ से ही बनते हैं। उनका हलन्त हट जाता है, पर क्रिया के भीतर भी कुछ परिवर्तन होता है। यदि आगे संयुक्त व्यंजन नहीं है तो पिछला इ ए, उ ओ तथा ऋ अर् हो जाता है।

चित् (सोचना) चेत-	सिध् (जाना) सेध-
बुध् (जानना) बोध-	रुह् (उगना) रोह-
घुष् (बोलना) घोष-	कृष् (खींचना) कर्ष-

ख. कुछ क्रियाओं में अनुनासिक जोड़ देते हैं-

लिप् (लेपना) लिम्प-	विद् (पाना) विन्द-
सिच् (सींचना) सिंच-	

45 कुछ क्रियाओं के अन्तिम व्यंजन को हटाकर उसमें -छ जोड़ते हैं-

गम् (जाना) गच्छ - यम् (देना) यच्छ-

इष् (चाहना) इच्छ-

प्रच्छ में = छ पहले से ही है, और ऋ में इसे जोड़ते हैं-

प्रच्छ (पूछना) पृच्छ- ऋ (जाना) ऋच्छ-

46 कुछ धातु स्वरान्त हैं। उनमें जब -अ लगता है तो इ ई ए होकर अय हो जाते हैं, उ ऊ ओ होकर अव- हो जाते हैं और ऋ अर- हो जाता है-

जि (जीतना) जे+अ = जय-

नी (ले जाना) ने+अ = नय-

द्रु (गलना) द्रो+अ = द्रव-

भू (होना) भो+अ = भव-

हृ (ले जाना) हर्+अ = हर-

क. कुछ धातुओं का अन्तिम इ ई इय-के रूप में, उ ऊ उव- के रूप में और ऋ इर के रूप में फैल जाता है।

क्षि (रहना) क्षिय- धू (डुलाना) धुव-

कृ (बिखेड़ना) किर- गृ (निकालना) गिर-

47 कुछ क्रियाओं के आधार -य से बनते हैं-

युध् (लड़ना) युध्य- दिव् (खेलना) दीव्य-

जृ (बूढ़ा होना) जीर्य- शृ (फटना) शीर्य-

48 कुछ क्रियाओं के आधार -अय से बनते हैं-

गण् (गिनना) गणय- रच् (बनाना) रचय-

इन सभी आधारों से पठ् ही के समान लट् लङ् लोट् लिङ् में रूप बनते हैं।

अभ्यास के लिये इन रूपों को अपने से बनायें। यदि सावधानी से विभक्तियों को लगायेंगे तो गलती की संभावना नहीं है। फिर भी किसी जानकार व्यक्ति से इनकी परीक्षा करायें।

49 अब कुछ ऐसी क्रियायें है जिनके आधार अ- नहीं है। इस कारण उनमें लगने वाली विभक्तियाँ भी ठीक वही नहीं है-

	लट्			लङ्		
3	ति	तस्	अन्ति	त्	ताम्	अन्
2	सि	थस्	थ	स्	तम्	त
1	मि	वस्	मस्	अम्	व	म

	लोट्			लिङ्		
3	तु	ताम्	अन्तु	यात्	याताम्	युस्
2	हि, धि	तम्	त	यास्	यातम्	यात
1	आनि	आव	आम	याम्	याव	याम

क. इन विभक्तियों से बने कुछ 10 रूप तो सबल होते हैं, शेष सभी अबल। दस सबल विभक्तियाँ ये हैं-

	लट्	लङ्	लोट्
	एकवचन	एकवचन	एकवचन-प्रथम पुरुष
3	ति	त्	तु
2	सि	स्	-
1	मि	अम्	-

उत्तम पुरुष

एकवचन	द्विवचन	बहुवचन
आनि	आव	आम

ख. दूसरे दल की क्रियाओं के आधार अलग अलग हैं। अतः उनके रूप भी अलग-अलग दिखाये जायेंगे।

50 कुछ क्रियाओं में तो विभक्तियाँ सीधे जोड़ दी जाती हैं। स्वरान्त धातुओं में तो नहीं, पर व्यंजनान्त धातुओं में सन्धि की समस्या आ जाती है।

क. या (जाना)

	लट्			लङ्		
3	याति	यातः	यान्ति	अयात्	अयाताम्	अयान्
2	यासि	याथः	याथ	अयाः	अयातम्	अयात
1	यामि	यावः	यामः	अयाम्	अयाव	अयाम
	लोट्			लिङ्		
3	यातु	याताम्	यान्तु	यायात्	यायाताम्	यायुः
2	याहि	यातम्	यात	यायाः	यायातम्	यायात
1	यानि	याव	याम	यायाम्	यायाव	यायाम

उपर्युक्त रूपों में सबल अबल भेद नहीं दिखायी देते हैं। पर इ (जाना) के रूप स्पष्टतः भिन्न हैं।

ख. सबल आधार ए – अबल आधार इ–

	लट्			लङ्		
3	एति	इतः	यन्ति	ऐत्	ऐताम्	आयन्
2	एषि	इथः	इथ	ऐः	ऐतम्	ऐत
1	एमि	इवः	इमः	आयम्	ऐव	ऐम

इ+अन्ति = यन्ति　　ए+अम् = अयम्

ए+सि = एषि　　आ+ अयम् = आयम्

आ+इव = ऐव　　इ+अन् = यन्

आ+इम = ऐम　　आ+यन् = आयन्

1. स्वरादि धातु के लिये भूतकाल में आगम आ– है, जिसके साथ इ मिलकर ऐ– हो जाता है। उसी तरह, आ+उ = औ।

2. पहले धातु+विभक्ति, तब आगम+क्रियारूप।

	लोट्			लिङ्		
3	एतु	इताम्	यन्तु	इयात्	इयाताम्	इयुः
2	इहि	इतम्	इत	इयाः	इयातम्	इयात
1	अयानि	अयाव	अयाम	इयाम्	इयाव	इयाम

ए+आनि = अयानि

ग. अस् (होना)

सबल आधार अस्, अबल आधार स्-

	लट्			लङ्		
3	अस्ति	स्तः	सन्ति	आसीत्	आस्ताम्	आसन्
2	असि	स्थः	स्थ	आसीः	आस्तम्	आस्त
1	अस्मि	स्वः	स्मः	आसम्	आस्व	आस्म

अस्+सि = अ-सि   आ+अस्-ई-त् = आसीत्

आ+अस्-ई-स् = आसीः

आ+स्+ताम् = आस्ताम्

अबल रूप   आ+स्+अन् = आसन्

सबल रूप   आ+अस्+अम् = आसम्

	लोट्			लिङ्		
3	अस्तु	स्ताम्	सन्तु	स्यात्	स्याताम्	स्युः
2	एधि	स्तम्	स्त	स्याः	स्तातम्	स्यात
1	असानि	असाव	असाम	स्याम्	स्याव	स्याम

अस्+धि = ए-धि।

घ. द्विष् (द्वेष करना) सबल द्वेष्- अबल द्विष्-

	लट्			लङ्		
3	द्वेष्टि	द्विष्टः	द्विषन्ति	अद्वेट्	अद्विष्टाम्	अद्विषन्
2	द्वेक्षि	द्विष्ठः	द्विष्ठ	अद्वेट्	अद्विष्टम्	अद्विष्ट
1	द्वेष्मि	द्विष्वः	द्विष्मः	अद्वेषम्	अद्विष्व	अद्विष्म

ष्+त थ = ष्ट ष्ठ

ष्+स = क्ष (क्ष)

ष्+स्, त् = ट्

	लोट्			लिङ्		
3	द्वेष्टु	द्विष्टाम्	द्विषन्तु	द्विष्यात्	द्विष्याताम्	द्विष्युः
2	द्विड्-ढि	द्विष्टम्	द्विष्ट	द्विष्याः	द्विष्यातम्	द्विष्यात
1	द्वेषाणि	द्वेषाव	द्वेषाम	द्विष्याम्	द्विष्याव	द्विष्याम

द्विष्+धि = द्विड्-ढि

द्वेष्+आनि = द्वेषाणि

ङ वच् (बोलना)

लट् एकवचन

3 वक्ति च्+त = क्त

2 वक्षि च्+स = क्ष (क्ष)

1 वच्मि

लङ्

3 अवक् च्+त् स् = क्

2 "

1 अवचम्

च. अद् (खाना)

लट् प्रथम पुरुष	अत्तिः	अत्तः	अदन्ति
लोट्	अत्तु	अत्ताम्	अदन्तु
2. एकवचन	अद्धि		

छ. वश् (चाहना) वश्- उश्-

लट्

3	वष्टि	उष्टः	उशन्ति	श्+त थ = ष्ट ष्ठ
2	वक्षि	उष्ठः	उष्ठ	श्+स = क्ष (क्ष)
1	वश्मि	उश्वः	उश्मः	

ज. हन् (मारना)

	लट्			लङ्		
3	हन्ति	हतः	घ्नन्ति	अहन्	अहताम्	अघ्नन्
2	हंसि	हथः	हथ	अहन्	अहतम्	अहत
1	हन्मि	हन्वः	हन्मः	अहनम्	अहन्व	अहन्म

	लोट्			लिङ्
3	हन्तु	हताम्	घ्नन्तु	हन्यात् इत्यादि
2	जहि	हतम्	हत	
1	हनानि	हनाव	हनाम	

झ. रुद्

लट् एकवचन	3 रोदिति	2 रोदिषि	1 रोदिमि
बहुवचन	रुदन्ति	रुदिथ	रुदिमः
लङ् एकवचन	अरोदीत्	अरोदीः	अरोदम्

ञ. ब्रू (बोलना)

लट् एकवचन	3 ब्रवीति	2 ब्रवीषि	1 ब्रवीमि
लङ्	अब्रवीत्	अब्रवीः	अब्रवम्

ट. शास्

लट् प्रथम पुरुष	शास्ति	शिष्टः	शासति
उत्तम पुरुष	शास्मि	शिष्वः	शिष्मः

51. कुछ ऐसी क्रियायें हैं जो विभक्तियों को लेने से पहले दुहरा जाती हैं। फिर इनमें सबल और अबल रूपों के भेद भी होते हैं।

क्रिया	सबल आधार	अबल आधार
हु (हवन करना)	जुहो-	जुहु-
भृ (रखना)	बिभर्-	बिभृ-
भी (डरना)	बिभे-	बिभी-
हा (छोड़ना)	जहा-	जही- जह्-

मा (नापना) मिमा- मिमी- मिम्-

ह्री (लजाना) जिह्रे- जिह्री-

दा (देना) ददा- दद्-

धा (करना) दधा- दध्- धत्-

ऐसी क्रियाओं के प्रथम पुरुष बहुवचन में मध्यवर्ती -न्- नहीं होता। लङ् में विभक्ति भी **उस्** है, जो सबल है।

क. दा ददा- दद्-

	लट्			लङ्		
3	ददाति	दत्तः	ददति	अददात्	अदत्ताम्	अददुः
2	ददासि	दत्थः	दत्थ	अददाः	अदत्तम्	अदत्त
1	ददामि	दद्वः	दद्मः	अददाम्	अदद्व	अदद्म

दद्+तस् = दत्तः, दद्+थस् = दत्थः

	लोट्			लिङ्		
3	ददातु	दत्ताम्	ददतु	दद्यात्	दद्याताम्	दद्युः
2	देहि	दत्तम्	दत्त	दद्याः	दद्यातम्	दद्यात
1	ददानि	ददाव	ददाम	दद्याम्	दद्याव	दद्याम

दद्+हि = देहि।

ख. हु	जुहो-	जुहु-	
लट् एकवचन	जुहोति	जुहोषि	जुहोमि
लङ् प्रथम पुरुष	अजुहोत्	अजुहुताम्	अजुहवुः
लोट् एकवचन	जुहोतु	जुहुधि	जुहवानि
लिङ् एकवचन	जुहुयात्	जुहुयाः	जुहुयाम्

ग. धा दधा- दध्- (स्वर म य व के पहले)

धत्- (त थ ध के पहले)

लट् एकवचन	दधाति	दधासि	दधामि
लङ्	अदधात्	अदधाः	अदधाम
लोट्	दधातु	धेहि	दधानि
लिङ्	दध्यात्	दध्याः	दध्याम्

घ. हा जहा- जही- (व्यंजन के पहले)

जह् (स्वर य के पहले)

लट् एकवचन	जहाति	जहासि	जहामि
लङ्	अजहात्	अजहाः	अजहाम्
लोट्	जहातु	जहीहि	जहानि
लिङ्	जह्यात्	जह्याः	जह्याम्

ङ भृ बिभर्- बिभृ

लट् प्रथम पुरुष	बिभर्ति	बिभृतः	बिभ्रति
लङ्	अबिभः	अबिभृताम्	अबिभरुः
लोट्	बिभर्तु	बिभृताम्	बिभ्रतु
लिङ्	बिभृयात्	बिभृयाताम्	बिभृयुः

भी बिभे - बिभी-

लट् प्रथम पुरुष	बिभेति	बिभीतः	बिभ्यति
लङ्	अबिभेत्	अबिभीताम्	अबिभयुः
लोट्	बिभेतु	बिभीताम्	बिभ्यतु
लिङ्	बिभीयात्	बिभीयाताम्	बिभीयुः

52 कुछ क्रियायें सबल विभक्तियों के पहले -नो- लगाती हैं, अबल विभक्तियों क़े पहले -नु-। स्वरान्त धातुओं वाला नु,व म के पहले न् रह जाता है। व्यंजनान्त धातुओं वाले नु का उ स्वर के पहले उव् हो जाता है।

सु (पड़ना) सुनो- सुनु-

	लट्			लङ्		
3	सुनोति	सुनुतः	सुन्वन्ति	असुनोत्	असुनुताम्	असुन्वन्
2	सुनोषि	सुनुथः	सुनुथ	असुनोः	असुनुतम्	असुनुत
1	सुनोमि	सुनुवः	सुनुमः	असुनवम्	असुनुव	असुनुम
		सुन्वः	सुन्मः		असुन्व	असुन्म

	लोट्			लिङ्		
3	सुनोतु	सुनुताम्	सुन्वन्तु	सुनुयात्	सुनुयाताम्	सुनुयुः
2	सुनु	सुनुतम्	सुनुत	सुनुयाः	सुनुयातम्	सुनुयात
1	सुनवानि	सुनवाव	सुनवाम	सुनुयाम्	सुनुयाव	सुनुयाम

शक् (सकना) शक्नो- शक्नु-

लट् लङ्

3	शन्कोति	शक्नुतः	शक्नुवन्ति	अशक्नोत्	अशक्नुताम्	अशक्नुवन्
2	शक्नोषि	शक्नुथः	शक्नुथ	अशक्नोः	अशक्नुतम्	अशक्नुत
1	शक्नोमि	शक्नुवः	शक्नुमः	अशक्नवम्	अशक्नुव	अशक्नुम

	लोट्			लिङ्
3	शक्नोतु	शक्नुताम्	शक्नुवन्तु	शक्नुयात् इत्यादि
2	शक्नुहि	शक्नुतम्	शक्नुत	
1	शक्नवानि	शक्नवाव	शक्नवाम	

सुनु+अन्ति = सुन्वन्ति लेकिन शक्नु+अन्ति = शक्नुवन्ति

सुनु+हि = सुनु लेकिन शक्नु+हि = शक्नुहि

श्रु (सुनना) शृणो- शृणु

लट् एकवचन	शृणोति शृणोषि शृणोमि
लङ्	अशृणोत् अशृणोः अशृणवम्
लोट्	शृणोतु शृणुहि शृणवानि
लिङ्	शृणुयात् इत्यादि।

धू (डुलाना) धुनो- धुनु-

दू (दुःख देना) दुनो- दुनु-

जिन धातुओं के रूप आंशिक रूप से बताये गये हैं, केवल एकवचन में या केवल प्रथम पुरुष में, उन्हें अपने अभ्यास के रूप में पूरा कर लेना चाहिये। जैसे-

श्रृणोति	श्रृणुतः	श्रृण्वन्ति
श्रृणोषि	श्रृणुथः	श्रृणुथ
श्रृणोमि	श्रृणुवः	श्रृणुमः
	श्रृण्वः	श्रृण्मः

अब यह जानना आपकी जिम्मेदारी है कि कहाँ दन्त्य न् मूर्धन्य ण् हो जाता है और कहाँ दन्त्य स् मूर्धन्य ष्।

संक्षेप में, र् और ष् के कारण अगला दन्त्य न् मूर्धन्य ण् हो जाता है। अ आ छोड़कर अन्य स्वर के बाद प्रत्यय वाला दन्त्य स् मूर्धन्य ष हो जाता है। यही बात क् और र् के बाद भी होती है।

53 कुछ व्यंजनान्त क्रियायें बीचोंबीच सबल विभक्तियों के पहले -न- और अबल विभक्त्यों के पहले -न्- लगाती हैं। बदल कर न् कभी ञ् हो जाता है, कभी ङ्।

युज् (जोड़ना) युनज्- युञ्ज्-

लट्

3	युनक्ति	युङ्क्तः	युञ्जन्ति
2	युनक्षि	युङ्क्थः	युङ्क्थ
1	युनज्मि	युञ्ज्वः	युञ्ज्मः

युनज्+ति = युनक्-ति

+ सि = युनक्-षि (युनक्षि)

यु-न्-ज्+तस् = युञ्-ज्+तः = युङ्क्तः

यु-न्-ज्+वस् = युञ्ज्वः

+ मस् = युञ्ज्मः

लङ्

3	अ-यु-न-क्	अन्युङ्क्ताम्	अ-युञ्जन्
2	अ-यु-न-क्	अ-युङ्क्तम्	अ-युङ्क्त
1	अ-यु-न-जम्	अयुञ्ज्व	अ-युञ्ज्म

अयुनज्+त्,स् = अयुनक्

लोट्

3	युनक्तु	युङ्क्ताम्	युञ्जन्तु
2	युङ्ग्धि	युङ्क्तम्	युङ्क्त
1	युनजानि	युनजाव	युनजाम

यु-न्-ज्+धि = युञ्ज्+धि = युङ्ग्-धि (युङ्ग्धि)

लिङ्

3 युञ्ज्यात् युञ्ज्याताम् युञ्ज्युः इत्यादि

क. रुध् (रोकना) रुणध्- रुन्ध्-

लट् एकवचन	रुणद्धि रुणत्सि रुणध्मि
लङ्	अरुणत् अरुणत् अरुणधम्
लोट्	रुणद्धु रुन्द्धि रुणधानि
लिङ्	रुन्ध्यात् इत्यादि।

रुणध्+ति = रुणध्-धि = रुणद्-धि

+सि = रुणत्सि

अरुणध्+त् स् = अरुणत्

रुन्ध्+धि = रुन्द्-धि (रुन्द्धि)

ख. भुज् (रक्षा करना, खाना) भुनज्- भुञ्ज्-

छिद् (छेदना) छिनद्- छिन्द्

हिंस् (मारना) हिनस्- हिंस्-

भुज् भुनक्ति भुङ्क्तः भुञ्जन्ति (रक्षा करना)

भुङ्क्ते भुञ्जाते भुञ्जते (खाना)

दूसरी पंक्ति के रूप आगे बताये जायेंगे।

इन क्रियाओं के साथ व्यंजन सन्धि के जटिल नियम उपस्थित हो जाते हैं, जिन्हें ध्यान से देखना चाहिये।

धातुरूप के प्रसंग में संदर्भ 50 और 53 विशेष रूप से द्रष्टव्य हैं, क्योंकि शब्दों के भीतर होनेवाली व्यंजन-सन्धि यहीं उपस्थित होती है।

यदि संभव हो तो सभी उदाहरणों को इकट्ठा कर स्वयं नियम बनाने का प्रयास करें।

54 कुछ क्रियाओं का आधार -ओ-से बनता है, जो अबल रूपों में उ हो जाता है। व म के पहले तो यह उ भी नहीं रहता।

क. तन् (फैलाना) तनो- तनु-

	लट्			लङ्		
3	तनोति	तनुतः	तन्वन्ति	अतनोत्	अतनुताम्	अतन्वन्
2	तनोषि	तनुथः	तनुथ	अतनोः	अतनुतम्	अतनुत
1	तनोमि	तनुवः	तनुमः	अतनवम्	अतनुव	अतनुम
		तन्वः	तन्मः		अतन्व	अतन्म

	लोट्			लिङ्	
3	तनोतु	तनुताम्	तन्वन्तु	तनुयात्	इत्यादि
2	तनु	तनुतम्	तनुत		
1	तनवानि	तनवाव	तनवाम		

ख. कृ भी ऐसी ही क्रिया है। इसका सबल आधार करो-, अबल आधार कुरु, और कुर् (केवल य व म के पहले) है-

	लट्			लङ्		
3	करोति	कुरुतः	कुर्वन्ति	अकरोत्	अकुरुताम्	अकुर्वन्
2	करोषि	कुरुथः	कुरुथ	अकरोः	अकुरुतम्	अकुरुत
1	करोमि	कुर्वः	कुर्मः	अकरवम्	अकुर्व	अकुर्म

	लोट्			लिङ्	
3	करोतु	कुरुताम्	कुर्वन्तु	कुर्यात्	इत्यादि
2	कुरु	कुरुतम्	कुरुत		
1	करवाणि	करवाण	करवाम		

55 कुछ क्रियायें सबल आधार -ना- द्वारा और अबल आधार -नी- या (स्वर के पहले)- न्- द्वारा बनाती हैं।

क्री (खरीदना) क्रीणा-क्रीणी-क्रीण्-

	लट्			लङ्		
3	क्रीणाति	क्रीणीत:	क्रीणन्ति	अक्रीणात्	अक्रीणीताम्	अक्रीणन्
2	क्रीणासि	क्रीणीथ:	क्रीणीथ	अक्रीणा:	अक्रीणीतम्	अक्रीणीत
1	क्रीणामि	क्रीणीव:	क्रीणीम:	अक्रीणाम्	अक्रीणीव	अक्रीणीम

	लोट्			लिङ्	
3	क्रीणातु	क्रीणीताम्	क्रीणन्तु	क्रीणीयात्	इत्यादि
2	क्रीणीहि	क्रीणीतम्	क्रीणीत		
1	क्रीणानि	क्रीणाव	क्रीणाम		

क. कुछ धातुओं के दीर्घ स्वर ह्रस्व हो जाते हैं-पू (पवित्र करना) पुना- पुनी- पुन्-, लू (काटना) लुना-लुनी- लुन्-, इत्यादि।

ख. ज्ञा (जानना) जाना- जानी- जान्-

ग्रह् (पकड़ना) गृह्णा- गृह्णी- गृह्ण्-

ग. कुछ व्यंजनान्त धातुओं का -नी- हट जाता है और लोट् मध्यम पु. एकव. में -हि के बदले -आन लग जाता है- ग्रह गृहाण, बन्ध् बधान, स्तंभ् स्तभान।

पुरीमवस्कन्द लुनीहि नन्दनं मुषाण रत्नानि हरामरांगना: = अमरावती पर चढ़ाई करो, नन्दन वन को काटो, रत्न चुराओ, देवियों को हर लो।

56 परोक्षभूत (लिट्)

क्रिया एक विचित्र ढंग से दुहरा जाती है।

गम् (जाना)	जगम्	हस् (हँसना)	जहस्
गद् (बोलना)	जगद्	चर् (चलना)	चचर्
तप् (तपना)	ततप्	खन् (खनना)	चखन्
शम् (शान्त होना)	शशम्	मज्ज् (नहाना)	ममज्ज्
दा (देना)	ददा-	धा (करना)	दधा-
हा (छोड़ना)	जहा-	भू (होना)	बभू-
कृ (करना)	चकृ-	हृ (ले जाना)	जहृ-
भी (डरना)	बिभी	भृ (ढोना)	बभृ-

इत्यादि

क. विभक्तियाँ

3	अ	अतुस्	उस्
2	थ	अथुस्	अ
1	अ	व	म

1. एक वचन की विभक्तियाँ सबल हैं, शेष अबल। प्रथम पु. में धातु का अन्तिम स्वर वृद्धि अवस्था में आ जाता है, मध्यम पु. में गुण अवस्था में तथा उत्तम पु. में दोनों। कभी कभी य व म के पहले -इ- चला आता है।

कृ चकृ

3	चकार	चक्रतुः	चक्रुः
2	चकर्थ	चक्रथुः	चक्र
1	चकार, चकर	चकृव	चकृम

भू बभू- में स्वर के पहले व् आ जाता है।

3	बभूव	बभूवतुः	बभूवुः
2	बभूविथ	बभूवथुः	बभूव
1	बभूव	बभूविव	बभूविम

ख. अबल रूपों में आधार कमजोर भी हो जाता है-

गम् जग्म्, चर चेर्, तप् तेप्,

पच् पेच्, खन् चख्न्, दा दद्, धा दध्।

ग. कहते हैं, लिट् का प्रयोग तब होता है जब उत्तम पु. और मध्यम पु. के कर्ता को अपनी क्रिया का पता ही न हो। इसलिये इसके रूप केवल प्रथम पु. में ही दीखते हैं–

पच्	पपाच	पेचतुः	पेचुः
तन्	ततान	तेनतुः	तेनुः
गम्	जगाम	जग्मतुः	जग्मुः
हन्	जघान	जघ्नतुः	जघ्नुः
खन्	चखान	चख्नतुः	चख्नुः
वच्	उवाच	ऊचतुः	ऊचुः
स्वप्	सुष्वाप	सुषुपतुः	सुषुपुः
जि	जिगाय	जिग्यतुः	जिग्युः
हि	जिघाय	जिघ्यतुः	जिघ्युः
पा	पपौ	पपतुः	पपुः
दा	ददौ	ददतुः	ददुः
यज्	इयाज	ईजतुः	ईजुः
लज्ज्	ललज्ज	ललज्जतुः	ललज्जुः
नन्द	ननन्द	ननन्दतुः	ननन्दुः
निन्द्	निनिन्द	निनिन्दतुः	निनिन्दुः

घ. कहते हैं, उन्मत्तावस्था में उत्तम पु. और मध्यम पु. का भी कर्ता इसका प्रयोग कर सकता है–सुप्ताहं विललाप किल = मैं सोये सोये रो रही थी।

ङ झूठ बोलने में भी इसका प्रयोग करते हैं–नाहं कलिंगाञ्जगाम = कलिंग तो मैं गया ही नहीं।

57 क्रिया को अयाम् से आगे बढ़ाकर उसमें कृ, भू और अस् के लिट् वाले रूप जोड़ देते हैं–

गम् (जाना) गमयाम्ः गमयामास गमयामासतुः गमयामासुः

गमयां - चकार चक्रतुः चक्रु

गण् (गिनना)	गणयामास	गणयामासतुः	गणयामासुः
बन्ध् (बाँधना)	बन्धयामास	बन्धयामासतुः	बन्धयामासुः
रुध् (रोकना)	रोधयामास		रोधयामासुः
प्र-भ्रंश् (गिराना)	प्रभ्रंशयांचकार		

लिट् के ऐसे रूप बनावटी क्रियाओं से बनते हैं-

गा जगौ जगतुः जगुः गापय- गापयामास गापयामासुः

चल् चचाल चेलतुः चेलुः चालय- चालयामास चालयामासुः

एकाध धातु से भी ऐसे रूप बनते हैं-उज्झ् (छोड़ना) उज्झांचकार।

58 आसन्न भूतकाल (लुङ्)

इस भूतकाल के साथ आज कल का बन्धन नहीं है। पर इसका प्रयोग उतना नहीं हुआ जितना लङ् या लिट् का। इसका मुख्य कारण है इसके रूपों की जटिलता। यह सात प्रकार से बनता है।

विभक्तियाँ

3	त्	ताम्	न् अन् उस्
2	स्	तम्	त
1	म् अम्	व	म

1. कुछ आकारान्त धातुओं और भू में ये विभक्तियाँ सीधे जुट जाती हैं। भूतकाल होने के कारण क्रिया के पहले अ-आगम लगता है। स्वरादि विभक्ति के पहले भू-के बाद -व्- आ जाता है।

	भू			दा		
3	अभूत्	अभूताम्	अभूवन्	अदात्	अदाताम्	अदुः
2	अभूः	अभूतम्	अभूत	अदाः	अदातम्	अदात
1	अभूवम्	अभूव	अभूम	अदाम्	अदाव	अदाम

2. कुछ व्यंजनान्त धातुओं में अ-जोड़कर विभक्ति लगाते हैं।

गम् गम-

3	अगमत्	अगमताम्	अगमन्
2	अगमः	अगमतम्	अगमत
1	अगमम्	अगमाव	अगमाम

सिच् सिच-

3	असिचत्	असिचताम्	असिचन्
2	असिचः	असिचतम्	असिचत
1	असिचम्	असिचाव	असिचाम

3. कुछ क्रियायें एक विचित्र ढंग से दुहरा जाती हैं। फिर उनमें -अ- लगाकर विभक्ति जोड़ते हैं।

गम् जीगम् जीगम-

चुर्	चूचुर्	चूचुर-
जन्	जीजन्	जीजन-
कृ	चीकर्	चीकर-
तुद्	तूतुद्	तूतुद-

3	अजीगमत्	अजीगमताम्	अजीगमन्
2	अजीगमः	अजीगमतम्	अजीगमत
1	अजीगमम्	अजीगमाव	अजीगमाम

4. कुछ श् ष् ह् से अन्त होने वाले और इ उ ऋ मध्यवर्ती स्वर वाले धातु -स- से मिलकर आधार बनाते हैं-दिश्+स = दिक्ष-, द्विष्+स = द्विक्ष-, लिह्+स =लिक्ष-, दुह+स = दुक्ष-, इत्यादि। इनमें विभक्तियाँ जोड़ दी जाती हैं।

3	अदिक्षत्	अदिक्षताम्	अदिक्षन्
2	अदिक्षः	अदिक्षतम्	अदिक्षत
1	अदिक्षम्	अदिक्षाव	अदिक्षाम

5. कुछ क्रियाओं में -स- जोड़ते हैं। क्रिया का मध्यवर्ती अ आ हो जाता है, लेकिन मध्यवर्ती या अन्तिम इ ऐ, उ औ तथा ऋ आर्। एकवचन में विभक्ति को जोड़ने के लिये -ई- भी चला आता है।

कृ+स् = कार्ष्

3	अ-कार्षी-त्	अकार्ष्टाम्	अकार्षुः
2	अ-कार्षीः	अकार्ष्टम्	अकार्ष्ट
1	अ-कार्षम्	अकार्ष्व	अकार्ष्म

छिद्+स् = छैत्स्

3	अच्छैत्सीत्	अच्छैत्ताम्	अच्छैत्सुः
2	अच्छैत्सीः	अच्छैत्तम्	अच्छैत्त
1	अच्छैत्सम्	अच्छैत्स्व	अच्छैत्स्म

अ-कार्-स्-ताम् अकार्-ष्-टाम् = अकार्ष्टाम्

अ+ छैत्स्+ताम् = अच्छैत्ताम्

छ के पहले -च्-, दो त के बीच -स- का लोप। दो स्पर्शों के बीच -स्- हट जाता है- उत्+स्थान = उत्थान।

6. कुछ व्यंजनान्त क्रियाओं में -इष्- जोड़ा जाता है। क्रिया का मध्यवर्ती अ आ हो जाता है, उ भी ओ।

वद्+इष् = वादिष्

3	अवादीत्	अवादिष्टाम्	अवादिषुः
2	अवादीः	अवादिष्टम्	अवादिष्ट
1	अवादिषम्	अवादिष्व	अवादिष्म

अ-वादिष्+त् स् = अवादीत् अवादीः

बुध बोधिष्

3	अबोधीत्	अबोधिष्टाम्	अबोधिषुः
2	अबोधीः	अबोधिष्टम्	अबोधिष्ट
1	अबोधिषम्	अबोधिष्व	अबोधिष्म

7. कुछ आकारान्त क्रियाओं तथा यम् रम् नम् के बाद -सिष्- लगता है।

या यासिष्

3	अयासीत्	अयासिष्टाम्	अयासिषुः
2	अयासीः	अयासिष्टम्	अयासिष्ट
1	अयासिषम्	अयासिष्व	अयासिष्म

अयासिष्+त् स् = अयासीत् अयासीः

आशीर्लिङ्

59 लिङ् की विभक्तियों के बीच में -स्- जोड़कर ही आशीर्लिङ् के रूप बनते हैं।

विभक्तियाँ

3	यात्	यास्ताम्	यासुस्
2	यास्	यास्तम्	यास्त
1	यासम्	यास्व	यास्म

भू

3	भूयात्	भूयास्ताम्	भूयासुः
2	भूयाः	भूयास्तम्	भूयास्त
1	भूयासम्	भूयास्व	भूयास्व

60 भविष्य (लृट्)

लुङ् वाले -स्- और -इष्- आधार को ही -य- से आगे बढ़ाकर भविष्य का आधार बनाया गया। इसलिए संस्कृत के सभी धातु -स्य और -इष्य आधार वाले दल में बँट गये हैं।

इस आधार में वर्तमान की विभक्ति जोड़ देने से भविष्य के रूप बनते हैं।

या यास्य-

3	यास्य-ति	यास्य-तः	यास्य-न्ति
2	यास्य-सि	यास्य-थः	यास्य-थ
1	यास्या-मि	यास्या-वः	यास्या-मः

भू भविष्य-

3	भविष्य-ति	भविष्य-तः	भविष्य-न्ति
2	भविष्य-सि	भविष्य-थः	भविष्य-थ
1	भविष्या-मि	भविष्या-वः	भविष्या-मः

61 हेतुहेतुमद्भूत (लृङ्)

लृट् के आधार में यदि लङ् की विभक्ति जोड़ दी जाती है तो हेतुहेतुमद्भूत (लृङ्) के रूप बनते हैं। भूत की पहचान अ-आगम तो लगता ही है।

3	अ-यास्य-त्	अ-यास्य-ताम्	अ-यास्य-न्
2	अ-यास्यः	अ-यास्य-तम्	अ-यास्य-त
1	अ-यास्य-म्	अ-यास्या-व	अ-यास्या-म

लृङ् का अर्थ है-यदि ऐसा होता तो वैसा होता। वृष्टिरभविष्यच्चेत् सुधान्यमभविष्यत् = वर्षा होती तो अच्छी फसल होती।

62 अनद्यतन भविष्य (लुट्)

यह एक बनावटी रूपावली है। क्रिया में तृ लगाकर कर्तृवाचक संज्ञा बनाते हैं। जैसे कृ कर्तृ, गम्, गन्तृ, भू भवितृ, दा दातृ, इत्यादि।

इसके प्रथमा वाले रूप तो प्रथम पुरुष की क्रिया हो जाते हैं-

3	गन्ता	गन्तारौ	गन्तारः
	कर्ता	कर्तारौ	कर्तारः

लेकिन एकवचन वाले रूप में अस् (होना) क्रिया के मध्यम पु. और उत्तम पु. वाले रूप को जोड़कर नये क्रिया रूप बनाये जाते हैं-

2	गन्तासि	गन्तास्थः	गन्तास्थ
	कर्तासि	कर्तास्थः	कर्तास्थ
1	गन्तास्मि	गन्तास्वः	गन्तास्मः
	कर्तास्मि	कर्तास्वः	कर्तास्मः

क. कहते हैं, इन रूपों का प्रयोग आज के भविष्य के लिये नहीं होता है-अद्य सभा भविष्यति। श्वः सभा भविता। यदि 'आज' के साथ इसका प्रयोग करना है तो भविष्यार्थक भवितृ को स्त्रीलिंग बनाना पड़ेगा-अद्य सभा भवित्री। लेकिन अद्य सभा भविता सर्वथा लगत है।

63 आत्मनेपद

जब कर्ता दूसरे के लिये क्रिया को करता है तो उसमें परस्मैपद विभक्ति लगती है-अहं करोमि का वास्तविक अर्थ है-मैं दूसरे के लिये काम करता हूँ। स गच्छति = वह (दूसरे के काम से) जाता है।

जब कर्ता अपने लिये क्रिया को करता है तो उसके लिये लगने वाली विभक्तियों को आत्मनेपद कहते हैं।

आत्मनेपद विभक्तियाँ परस्मैपद विभक्तियों से भिन्न हैं। अब तक हम परस्मैपद विभक्ति ही लगाते आ रहे हैं।

आत्मनेपद विभक्तियाँ भी अ-आधार के लिये अलग हैं, अ-भिन्न आधार के लिये अलग।

	अ- आधाार			अ-भिन्न आधाार		
	लट्					
3	ते	इते	न्ते	ते	आते	अते
2	से	इथे	ध्वे	से	आथे	ध्वे
1	ए	वहे	महे	ए	वहे	महे
	लङ्					
3	त	इताम्	न्त	त	आताम्	अत
2	थास्	इथाम्	ध्वम्	थास्	आथाम्	ध्वम्
1	इ	वहि	महि	इ	वहि	महि
	लोट्					
3	ताम्	इताम्	न्ताम्	ताम्	आताम्	अताम्
2	स्व	इथाम्	ध्वम्	स्व	आथाम्	ध्वम्
1	ऐ	आवहै	आमहै	ऐ	आवहै	आमहै

लिङ् (दोनों आधार)

3	ईत	इयाताम्	ईरन्
2	ईथास्	ईयाथाम्	ईध्वम्
1	ईय	ईवहि	ईमहि

क. अ-आधार का एक ही उदाहरण पर्याप्त है

लभ् (पाना) लभ-

	लट्			लङ्		
3	लभते	लभेते	लभन्ते	अलभत	अलभेताम्	अलभन्त
2	लभसे	लभेथे	लभध्वे	अलभथाः	अलभेथाम्	अलभध्वम्
1	लभे	लभावहे	लभामहे	अलभे	अलभावहि	अलभामहि

	लोट्			लिङ्		
3	लभताम्	लभेताम्	लभन्ताम्	लभेत	लभेयाताम्	लभेरन्
2	लभस्व	लभेथाम्	लभध्वम्	लभेथाः	लभेयाथाम्	लभेध्वम्
1	लभै	लभावहै	लभामहै	लभेय	लभेवहि	लभेमहि

ख. अ-भिन्न आधार के मुख्य धातुओं के आत्मनेपद रूप अलग-अलग बताये जायेंगे। **लोट् उत्तम पु. वाली विभक्तियाँ सबल** हैं।

अधि+इ (पढ़ना) सबल आधार ए- अबल आधार इ-

स्वरादि विभक्ति के पहले ए-अय् इ-इय्

लङ् में आगम आ+इ = ऐ

लट्

3	इते	इयाते	इयते
2	इषे	इयाथे	इध्वे
1	इये	इवहे	इमहे

लङ्

3	आ+ इत = **ऐत**	इयाताम् = **ऐयाताम्**	इयत = **ऐयत**
2	इथाः = **ऐथाः**	इयाथाम् = ऐयाथाम्	इध्वम् = **ऐध्वम्**
1	इयि = **ऐयि**	इवहि = **ऐवहि**	इमहि = **ऐमहि**

अधि के साथ

अधीते	अधीयाते	अधीयते
अध्यैत	अध्यैयाताम्	अध्यैयत

लोट्

3	इताम्	इयाताम्	इयताम्
2	इष्व	इयाथाम्	इध्वम्
1	अयै	अयावहै	अयामहै

लिङ्

3	इयीत	इयीयाताम्	इयीरन्
2	इयीथाः	इयीयाथाम्	इयीध्वम्
1	इयीय	इयीवहि	इयीमहि

अधि+इयीत = अधीयीत अधीयीयाताम् अधीयीरन्

शी (लेटना) सर्वत्र शे- आधार

लट्	शेते	शयाते	शेरते
लङ्	अशेत	अशयाताम्	अशेरत
लोट्	शेताम्	शयाताम्	शेरताम्
लिङ्	शयीत	शयीयाताम्	शयीरन्

बहुवचन में आये हुए -र्- को देखें।

64 हु (हवन करना) जुहो- जुहु-

	लट्			लङ्		
3	जुहुते	जुह्वाते	जुह्वते	अजुहुत	अजुह्वाताम्	अजुह्वत
2	जुहुषे	जुह्वाथे	जुहुध्वे	अजुहुथाः	अजुह्वाथाम्	अजुहुध्वम्
1	जुह्वे	जुहुवहे	जुहुमहे	अजुह्वि	अजुहुवहि	अजुहुमहि

	लोट्			लिङ्		
3	जुहुताम्	जुह्वाताम्	जुह्वताम्	जुह्वीत	जुह्वीयाताम्	जुह्वीरन्
2	जुहुष्व	जुह्वाथाम्	जुहुध्वम्	जुह्वीथाः	जुह्वीयाथाम्	जुह्वीध्वम्
1	जुहवै	जुहवावहै	जुहवामहै	जुह्वीय	जुह्वीवहि	जुह्वीमहि

धा (करना) दधा- दध्- धत्-

लट्	धत्ते	दधाते	दधते
लङ्	अधत्त	अदधाताम्	अदधत
लोट्	धत्ताम्	दधाताम्	दधताम्
लिङ्	दधीत	दधीयाताम्	दधीरन्

65 सु सुनो- सुनु-

लट्			लङ्		
3 सुनुते	सुन्वाते	सुन्वते	असुनुत	असुन्वाताम्	असुन्वत
2 सुनुषे	सुन्वाथे	सुनुध्वे	असुनुथाः	असुन्वाथाम्	असुनुध्वम्
1 सुन्वे	सुनुवहे	सुनुमहे	असुन्वि	असुनुवहि	असुनुमहि
	सुन्वहे	सुन्महे		असुन्वहि	असुन्महि

लोट्			लिङ्		
3 सुनुताम्	सुन्वाताम्	सुन्वताम्	सुन्वीत	सुन्वीयाताम्	सुन्वीरन्
2 सुनुष्व	सुन्वाथाम्	सुनुध्वम्	सुन्वीथाः	सुन्वीयाथाम्	सुन्वीध्वम्
1 सुनवै	सुनवावहै	सुनवामहै	सुन्वीय	सुन्वीवहि	सुन्वीमहि

66 रुध् रुणध्- रुन्ध्-

लट्			लङ्		
3 रुन्द्धे	रुन्धाते	रुन्धते	अरुन्द्ध	अरुन्धाताम्	अरुन्धत
2 रुन्त्से	रुन्धाथे	रुन्द्धवे	अरुन्द्धाः	अरुन्धाथाम्	अरुन्द्धवम्
1 रुन्धे	रुन्ध्वहे	रुन्ध्महे	अरुन्धि	अरुन्ध्वहि	अरुन्ध्मेहि

लोट्			लिङ्		
3 रुन्द्धाम्	रुन्धाताम्	रुन्धताम्	रुन्धीत	रुन्धीयाताम्	रुन्धीरन्
2 रुन्त्स्व	रुन्धाथाम्	रुन्द्धवम्	रुन्धीथाः	रुन्धीयाथाम्	रुन्धीध्वम्
1 रुणधै	रुणधावहै	रुणधामहै	रुन्धीय	रुन्धीवहि	रुन्धीमहि

67 कृ करो- कुरु- कुर्-

लट्			लङ्		
3 कुरुते	कुर्वाते	कुर्वते	अकुरुत	अकुर्वाताम्	अकुर्वत
2 कुरुषे	कुर्वाथे	कुरुध्वे	अकुरुथाः	अकुर्वाथाम्	अकुरुध्वम्
1 कुर्वे	कुर्वहे	कुर्महे	अकुर्वि	अकुर्वहि	अकुर्महि

लोट्   लिङ्

3	कुरुताम्	कुर्वाताम्	कुर्वताम्	कुर्वीत	कुर्वीयाताम्	कुर्वीरन्
2	कुरुष्व	कुर्वाथाम्	कुरुध्वम्	कुर्वीथाः	कुर्वीयाथाम्	कुर्वीध्वम्
1	करवै	करवावहै	करवामहै	कुर्वीय	कुर्वीवहि	कुर्वीमहि

68 क्री क्रीणा- क्रीणी- क्रीण्-

लट्

3	क्रीणीते	क्रीणाते	क्रीणते
2	क्रीणीषे	क्रीणाथे	क्रीणीध्वे
1	क्रीणे	क्रीणीवहे	क्रीणीमहे

लङ्

अक्रीणीत	अक्रीणताम्	अक्रीणत
अक्रीणीथाः	अक्रीणाथाम्	अक्रीणीध्वम्
अक्रीणि	अक्रीणीवहि	अक्रीणीमहि

लोट्

3	क्रीणीताम्	क्रीणाताम्	क्रीणताम्
2	क्रीणीष्व	क्रीणाथाम्	क्रीणीध्वम्
1	क्रीणै	क्रीणावहै	क्रीणामहै

लिङ्

3	क्रीणीत	क्रीणीयाताम्	क्रीणीरन्
2	क्रीणीथाः	क्रीणीयाथाम्	क्रीणीधवम्
1	क्रीणीय	क्रीणीवहि	क्रीणीमहि

69 परोक्षभूत (लिट्)

विभक्तियाँ-सभी अबल

3	ए	आते	इरे
2	से	आथे	ध्वे
1	ए	वहे	महे

कृ चकृ

3	चक्रे	चक्राते	चक्रिरे
2	चकृषे	चक्राथे	चकृध्वे
1	चक्रे	चकृवहे	चकृमहे

70 भविष्य (लृट्)

कृ करिष्य-

3	करिष्यते	करिष्येते	करिष्यन्ते
2	करिष्यसे	करिष्येथे	करिष्यध्वे
1	करिष्ये	करिष्यावहे	करिष्यामहे

आत्मनेपद में गम् का आधार गंस्य-

3 गंस्यते गंस्येते गंस्यन्ते

71 हेतुहेतुमद्भूत (लृङ्)

3	अकरिष्यत	अकरिष्येताम्	अकरिष्यन्त
2	अकरिष्यथा:	अकरिष्येथाम्	अकरिष्यध्वम्
1	अकरिष्ये	अकरिष्यावहि	अकरिष्यामहि

72 आसन्नभूत (लुङ्)

प्रथम प्रकार (अभूत् अभूताम् अभूवन्) और सप्तम प्रकार (अयासीत् इत्यादि) में आत्मनेपद होता ही नहीं।

अन्य प्रकार के लुङ् में बुध का उदाहरण पर्याप्त है। आधार बोधिष्-

3	अबोधिष्ट	अबोधिषाताम्	अबोधिषत
2	अबोधिष्ठा:	अबोधिषाथाम्	अबोधिड्ढ्वम्
3	अबोधिषि	अबोधिष्वहि	अबोधिष्महि

73 आशीर्लिङ् - विभक्तियाँ

3	सीष्ट	सीयास्ताम्	सीरन्
2	सीष्ठाः	सीयास्थाम्	सीध्वम्
1	सीय	सीवहि	सीमहि

कर्मवाच्य

कर्मवाच्य के रूप आत्मनेपद विभक्तियों से बनते हैं। कर्ता में तृतीया विभक्ति लगती है, कर्म में प्रथमा।

कर्तृवाच्य	कर्मवाच्य
लिट्	
स पुस्तकं पपाठ	तेन पुस्तकः पपठे
नृपस्तं युवराजं चकार	नृपेण स युवराजश्चक्रे
भिक्षुर्धनं ययाचे	भिक्षुणा धनं ययाचे
लृट्	
रामो लंकां जेष्यति	रामेण लंका जेष्यते
तव वचनं करिष्येऽहम्	तव वचनं करिष्यते मया
अहं गमिष्यामि	मया गंस्यते
लुङ्	
नारदश्चरणौ भुवस्तले न्यधासीत्	नारदेन चरणौ भुवस्तले न्यधायिषाताम् न्यधासिषाताम्
ते पुस्तकान् अपाठिषुः	तैः पुस्तका अपाठिषत

क. लेकिन प्रथम पुरुष एकवचन में आत्मनेपद रूप से काम नहीं चलता। इसके लिये विभक्ति ही अलग है। अ-आगम तो रहता ही है, धातु के आगे एक सबल प्रत्यय -इ लगता है- कृ अ-कारि, भू अ-भावि, चर् अ-चारि, वह अवाहि, दा अदायि, पच् अपाचि बुध् अबोधि, भिद् अभेदि, बुध् अबोधि, भिद् अभेदि इत्यादि।

स ओदनम् अपाक्षीत् -	तेन ओदनोऽपाचि
स शोभनमकार्षीत् कर्म -	तेन शोभनमकारि कर्म

सोऽवादीत् - तेनावादि

बालकोऽगमत् - बालकेनागमि

ख. लट् लङ् लोट् लिङ् के लिये आत्मनेपद विभक्तियाँ ही पर्याप्त नहीं है। पहले क्रिया का आधार -य प्रत्यय से बनाया जाता है। क्रियाओं के रूप में भी परिवर्तन होता है-जि जीय-, कृ क्रिय-, भू भूय-, श्रु श्रूय-, गम् गम्य-, यज् इज्य- वच् उच्य-, स्मृ स्मर्य-, गै गीय-, शी शय्य-, हन् हन्य-, इत्यादि। तब इनमें आत्मनेपद विभक्ति लगती है।

रूपावली

प्रथम पु. लट् कृ	क्रियते	क्रियेते	क्रियन्ते
लङ्	अक्रियत	अक्रियेताम्	अक्रियन्त
लोट्	क्रियताम्	क्रियेताम्	क्रियन्ताम्
लिङ्	क्रियेत	क्रियेयाताम्	क्रियेरन्

इत्यादि

विष्णुर्दैत्यान् हन्ति - विष्णुना दैत्या हन्यन्ते

कृष्णः कंसमहन् - कृष्णेन कंसोऽहन्यत

इमं मृगं न हन्तु - अयं मृगो न हन्यताम्

नक्तं दधि न भुंजीत - नक्तं दधि न भुज्येत

कर्मवाच्य का प्रयोग 'आदर' दिखाने के लिये किया जाता है-देव श्रूयताम् = सुना जाये। आगत्य स्व स्वं वसनं च गृह्यताम् = आकर अपना अपना कपड़ा ले लीजिये। आगम्यताम् आगच्छतु से अधिक आदर सूचक है। आगच्छ तो आज्ञा है। आगच्छेः भी विनम्र आज्ञा है (जरा आना!)। आज्ञा के कई स्तर हो जाते हैं-आगच्छेः (आना!) आगच्छ (आओ!) आगच्छतु (आइये!) आगम्यताम् (आया जाये!)।

75 बनावटी क्रियायें

प्रेरणार्थक क्रिया

हिन्दी के करना से कराना, खाना से खिलाना, लिखना से लिखाना जैसे

भाव को व्यक्त करने के लिये संस्कृत में क्रिया को कहीं -अय से और कहीं -पय से बढ़ाते हैं-

गम् (जाना) गमय- (भेजना), नी (ले जाना), नायय (भेजना), भू (होना), भावय (बनाना), विद् (जानना), वेदय (जनाना) इत्यादि। स्था (रहना), स्थापय (रखना), दा (देना), दापय (दिलाना), ज्ञा (जानना), ज्ञापय (बताना), अधि+इ (पढ़ना) अध्यापय (पढ़ाना) इत्यादि। कुछ अनियमित ढंग से भी बनते हैं- पा (पीना), पायय (पिलाना), प्री (प्यार करना) प्रीणय-, भी (डरना) भीषय-भायय, हन् (मारना) धातय-, लभ् (पाना) लम्भय-, रुह् (उगना) रोपय-इत्यादि।

रूपावली

गम् लट् 3	गमयति	गमयतः	गमयन्ति
लङ्	अगमयत्	अगमयताम्	अगमयन्
लोट्	गमयतु	गमयताम्	गमयन्तु
लिङ्	गमयेत्	गमयेताम्	गमयेयुः
लृट्	गमयिष्यति	गमयिष्यतः	गमयिष्यन्ति
लिट्	गमयामास	गमयामासतुः	गमयामासुः
लुङ्	अजीगमत्	अजीगमताम्	अगजीगमन्

सामान्य वाक्य	प्रेरणार्थक
पुत्रो वेदं पठति	पिता पुत्रं वेदं पाठयति
शिष्य ओदनं पचति	गुरुः शिष्येन ओदनं पाचयति
शत्रवः स्वर्गमगच्छन्	राजा शत्रून् स्वर्गमगमयत्

76 साधारण क्रिया को दुहराकर और उसमें -स- जोड़कर उससे इच्छा का बोध कराते हैं-गम् (जाना) जिगम् जिगमिष-ति (जाना चाहता है), जीव् जिजीव् जिजीविषति (जीना चाहता है), भू (होना) बुभूषति (होना चाहता है)।

इसी प्रकार-स्तु (सराहना) तुष्टूषति, तृ (पार करना) तितीर्षति, मृ (मरना) मुमूर्षति, क्षी (लेटना) शिशयिषति, नृत् (नाचना) निनर्तिषति, स्था (रहना) तिष्ठासति, आप् (पाना) ईप्सति, गम् (जाना) जिगांसते, हन् (मारना) जिघांसति, मन् (सोचना) मीमांसते, दा (देना) दित्सति, लभ्

(पाना) लिप्सते, जि (जीतना) जिगीषति।

77 साधारण क्रिया को एक विचित्र ढंग से दुहरा कर और उसमें कभी -य- तथा कभी कुछ नहीं जोड़कर 'वारवार' करने का भाव व्यक्त करते हैं-गम् (जाना) जंगम् या जंगम्य (वार वार जाना), दह् (जलवा) दंदह या दंदह्य-, बुध् (जानना) बोबुध् या बोबुध्य तप् (गर्म होना) तातप् या तातप्य क्रम् (चलना) चंक्रम् या चंक्रम्य-, इत्यादि

रूपावली - लट् 3

गम्	जंगमीति	जंगमीतः	जंगमति
	जंगम्यते	जंगम्येते	जंगम्यन्ते
दह्	दंदहीति	दंदहीतः	दंदहति
	दंदह्यते	दंदह्येते	दंदह्यन्ते

नामधातु

कभी -अय या -य जोड़कर ही संज्ञा या विशेषण को क्रिया बना देते हैं-

चोर चोरय (चुराना)
शीतल शीतलय (ठंडा करना)
कवि कवय (कविता करना)
कवीय (कवि बनना)
पुत्र पुत्रीय-ति(पुत्र बना लेता है)
पुत्राय-ते (पुत्र बन जाता है)
नमस् नमस्य-ति (प्रणाम करता है)
राम रामायते (राम बनं जाता है)
द्रुम द्रुमायते (पेड़ बन जाता है)

स्वामिन् स्वामीयते स्वामीयति
राजन् राजायते राजीयति

चोर चोरय-, मंत्र (राय) मंत्रय-, कीर्ति (यश) कीर्तय-, वर्ण (रंग) वर्णय -, कथा कथय- आदि को तो चुरादि गण का धातु मान लिया गया है।

लोग राम से रामति, कृष्ण से कृष्णति भी बना लेते हैं।

फिर कुछ तो राम को क्रिया मानकर इच्छा बोधक रिरामिषति (राम बनने की इच्छा रखता है) और उसका भविष्य रूप रिरामिषिष्यति भी बना लेता है। संस्कृत अमृत भाषा है।

पांचवाँ अध्याय

क्रियात्मक विशेषण और अव्यय

कुछ शब्द ऐसे हैं जो अभिप्राय से तो क्रिया हैं लेकिन उनके रूप विशेषण की तरह बदलते हैं। वे क्रियात्मक विशेषण हैं। कुछ रूप एक बार बन जाने पर फिर नहीं बदलते। वे क्रियात्मक अव्यय हैं।

79 वर्तमान कालिक क्रियात्मक विशेषण

यदि लट् के प्रथम पुरुष बहुवचन रूप से इ हटा लेते हैं तो वह वर्तमान कालिक क्रियात्मक विशेषण बन जाता है।

गच्छन्ति	1	गच्छन्त् (जाता हुआ)
अदन्ति	2	अदन्त् (खाता हुआ)
ददति	3	ददत् (देता हुआ)
दीव्यन्ति	4	दीव्यन्त् (चमकता हुआ)
सुन्वन्ति	5	सुन्वन्त् (पेड़ता हुआ)
तुदन्ति	6	तुदन्त् (दुःख देता हुआ)
रुन्धन्ति	7	रुन्धन्त् (रोकता हुआ)
कुर्वन्ति	8	कुर्वन्त् (करता हुआ)
क्रीणन्ति	9	क्रीणन्त् (खरीदता हुआ)
चोरयन्ति	10	चोरयन्त् (चुराता हुआ)

इनके रूप गच्छत् (29) की तरह होते हैं

स्त्री. में ई लगता है, लेकिन 2, 3, 5, 6, 8 और 9 में मध्यवर्ती -न्- हट जाता है। 6 में न् रह भी सकता है-

गच्छन्ती अदती ददती दीव्यन्ती सुन्वती तुदती तुदन्ती, रुन्धती, कुर्वती, क्रीणती चोरयन्ती। इनके रूप नदी की तरह होते हैं।

जिन क्रियाओं में आत्मनेपद विभक्ति लगती है उनके अ-आधार में -मान तथा अन्यत्र -आन लगता है-

लभ-मान, दीव्य-मान, तुद-मान, चोरय-माण, दधान सुन्वान, रुन्धान,

कुर्वाण क्रीणान। इनके स्त्री. रूप आ से बनते हैं-लभमाना, दधाना, इत्यादि। कर्मवाच्य-हन् हन्यते हन्य-मान, कृ क्रियते क्रिय-माण।

80 भविष्य कालिक क्रियात्मक विशेषण

ये भी प्रथम पुरुष बहुवचन रूप से इ हटा लेने से बनते हैं-

भविष्यन्ति भविष्यन्त्, करिष्यन्ति करिष्यन्त् इत्यादि। स्त्री. रूप ई से बनते हैं-भविष्यन्ती करिष्यन्ती। आत्मनेपद विभक्ति वाले धातु में-मान लगता है-करिष्यमाण। स्त्री. करिष्यमाणा।

81 परोक्ष भूतकालिक क्रियात्मक विशेषण

लिट् के अबल आधार में -वस् और -आन प्रत्यय लगते हैं-

कृ चकृ चकृवस् चक्राण

गम् जगम् जग्मिवस्

स्था तस्था तस्थिवस्

-वस् वाले का स्त्री. रूप -ई- से बनता है जो इनके अबल आधार में लगता है-चक्रुषी जग्मुषी।

चक्राण - चक्राणा।

82 सामान्य भूतकालिक क्रियात्मक विशेषण (निष्ठा)

सीधे क्रिया में -त जोड़कर यह क्रियात्मक विशेषण बनता है। क्रिया कमजोर भी पड़ जाती है-

भू भूत, कृ कृत, पा पीत, खाद् खादित, गम् गत, हन् हत, वच् उक्त, स्वप् सुप्त, इत्यादि। स्त्री. में आकारान्त हो जाता है-कृता गता सुप्ता।

-त प्रत्यय कर्म वाच्य का है। इसके कर्ता में तृतीया विभक्ति लगती है, कर्म में प्रथमा विभक्ति-शिष्येन ओदनः खादितः, छात्रेण पुस्तकः पठितः।

लेकिन 'जाना' अर्थ वाली क्रिया के साथ यह कर्तृवाच्य का भी -होता है।

स गतः। अहं चलितः

कर्म वाच्य में-तेन गतम्। मया चलितम्,

यदि इसे कर्तृवाच्य में बदलना हो तो -त को ही -वत् से आगे बढ़ाते हैं-

शिष्य ओदनं खादितवान्

छात्रः पुस्तकं पठितवान्

इसका स्त्री. रूप ई से बनता है-

शिष्या ओदनं खादितवती

छात्रा पुस्तकं पठितवती

83 कृत्य

क्रिया से "चाहिये" अर्थ बोध कराने के लिये -य, -अनीय, -तव्य तथा कुछ और प्रत्यय लगते हैं। ये भी कर्मवाच्य के प्रत्यय हैं, क्योंकि इनका कर्ता तृतीया विभक्ति में रहता है और प्रथमा विभक्ति वाले कर्म के अनुसार इनके रूप बदलते हैं-

कृ	कार्य	करणीय	कर्तव्य
भू	भाव्य	भवनीय	भवितव्य
गम्	गम्य	गमनीय	गन्तव्य
नी	नेय	नयनीय	नेतव्य
दा	देय	दानीय	दातव्य
भुज्	भोज्य	भोजनीय	भोक्तव्य
वच्	वाच्य	वचनीय	वक्तव्य
इत्यादि			

84 क्रियार्था क्रिया

क्रिया के साथ 'के लिये' का भाव व्यक्त करने के लिये क्रिया में एक सबल प्रत्यय -तुम् जोड़ा जाता है-

पा पातुम् (पीने के लिये), जि जेतुम् (जीतने के लिये) नी नेतुम् (ले जाने के लिये), कृ कर्तुम् (करने के लिये), भुज् भोक्तुम् (खाने के लिये), छिद छेत्तुम् (काटने के लिये), बुध् बोद्धुम् (जानने के लिये) दह् दग्धुम् (जलाने के लिये) लभ् लब्धुम् (पाने के लिये), जीव् जीवितुम् (जीने के लिये), ग्रह् ग्रहीतुम् (लेने के लिये), दृश् द्रष्टुम् (देखने के लिये) इत्यादि।

एक बार बन जाने के बाद ये फिर बदलते नहीं। इन्हें क्रियात्मक अव्यय कहते हैं।

85 पूर्वकालिक क्रिया

जाकर, खाकर, कहकर इत्यादि अभिप्राय व्यक्त करने के लिये संस्कृत क्रियाओं में एक अबल प्रत्यय -त्वा लगाया जाता है-

जि जित्वा (जीतकर) नी नीत्वा (ले जाकर) कृ कृत्वा (करके) भू भूत्वा (होकर) गम् गत्वा (जाकर) हन् हत्वा (मारकर) वच् उक्त्वा (बोलकर) स्वप् सुप्त्वा (सोकर) पा पीत्वा (पीकर) स्था स्थित्वा (रहकर) भुज् भुक्त्वा (खाकर) ग्रह गृहीत्वा (लेकर) दा दत्त्वाा (देकर) गण् गणयित्वा (गिनकर) रच् रचयित्वा (बनाकर) इत्यादि।

क्रिया यदि उपसर्ग युक्त और व्यंजनान्त है तो उसमें -य लगता है-आ-गम्-य, प्र-णम्-य, नि-खन्-य। यदि क्रिया दीर्घ स्वरान्त है तो भी -य लगता है-आ-दा-य, परि-भू-य, इत्यादि। लेकिन यदि क्रिया ह्रस्व स्वरान्त है तो -त्य लगता है - वि-जि-त्य, आ-दृ-त्य, इत्यादि।

86 'वार वार' अर्थ में पूर्वकालिक क्रिया को दुहरा सकते हैं-स्मृत्वा स्मृत्वा = याद कर कर के, उक्तवोक्त्वा = बोल बोलकर, इत्यादि।

लेकिन इसके लिये एक सबल प्रत्यय - अम् भी है-

पा पायं पायम् = पी पीकर,

दृश् दर्शं दर्शम् = देख देखकर,

भ्रम् भ्रामं भ्रामम् = घूम घूमकर,

श्रु श्रावं श्रावम् = सुन सुनकर,

इत्यादि।

पूर्वकालिक क्रिया भी अव्यय है।

यह -अम् प्रत्ययान्त क्रिया कभी कभी पूर्ववर्ती शब्द से मिल भी जाती है-

विप्र-दर्शम् = सभी ब्राह्मणों को देखकर,

ब्राह्मण-वेदम् = सभी ब्राह्मणों को पहचानकर,

चारुशिलोपवेशम् = सुन्दर शिला पर बैठकर।

छठा अध्याय

वाक्य विचार

87 वाक्य के मुख्य तत्त्व हैं कर्ता, कर्म और क्रिया-बालक ओदनं खादति। कर्म के न रहने पर भी कर्ता और क्रिया तो रहते ही हैं।

है, हूँ, हैं आदि के लिये संस्कृत में अस्ति अस्मि सन्ति नहीं भी रहते हैं-

अहं कन्या = मैं कन्या हूँ। त्वं कापुरुषः = तुम डरपोक हो। स राजा = वह राजा है।

वाक्य में यदि कर्ता तीनों पुरुष का हो और क्रिया एक ही हो तो वह उत्तम पु. बहुवचन में होगी-अहं त्वं स च गच्छामः। अहं यूयं च गच्छामः। यदि कर्ता मध्यम और प्रथम पुरुष के हों तो क्रिया मध्यम पु. की होगी-त्वं स च गच्छथः। यूयं तौ च गच्छथ।

यदि वाक्य में कर्ता तीनों लिंग के हों और विशेषण एक ही हो तो वह नपुंसक ही होगा-अक्षा मृगया पानं च गर्हितानि = जूआ, शिकार और मदिरापान निन्दनीय है। पु. और स्त्री. के बीच पुरुष की प्रधानता होती है-रामः सीता च गतौ।

कुछ द्विवचन शब्द स्त्री. पु. दोनों के लिये होते हैं-पुत्रौ (बेटा-बेटी), पितरौ (माँ-बाप)।

88 कर्ता यदि प्रथमा विभक्ति वाला हो तो वाक्य कर्तृवाच्य का होता है। तब कर्म द्वितीया विभक्ति लेता है-बालकः पुस्तकं पठति। बालकाः पुस्तकान् पठन्ति।

89 कर्म वाच्य में कर्ता तृतीया विभक्ति लेता है, कर्म प्रथमा विभक्ति और क्रिया कर्म के अनुसार होती है-

बालकेन पुस्तकः पठ्यते

बालकेन पुस्तकौ पठ्येते

बालकेन पुस्तकाः पाठ्यन्ते

क. लेकिन यदि कर्ता (तृतीया विभक्ति में) हो ही नहीं, और कर्म प्रथमा विभक्ति में हो तो ऐसे वाक्य को कर्मकर्तरि कहते है।-

फलं पच्यते = फल पकता है

काष्ठं छिद्यते = लड़की कटती है

आश्रमो ददृशे = आश्रम दीख पड़ा

90 क्रिया के लक्ष्य में भी द्वितीया विभक्ति होती है-स ग्रामं गच्छति। शृगालो वनं धावति = सियार वन की ओर दौड़ता है।

क. रात भर, दिन भर, महीने भर, कोस भर-इस अर्थ में समय और स्थानवाची शब्द में द्वितीया विभक्ति लगती है-

स रात्रिमपठत् = वह रात भर पढ़ा।

मासमवर्षत् = महीने भर बरसता रहा।

क्रोशं कुटिला नदी = नदी कोस भर टेढ़ी-मेढ़ी है।

1. लेकिन 'रात भर में', 'कोस भर में'-यदि ऐसा प्रयोग हो तो तृतीया विभक्ति लगती है-

मासेन पुस्तकमपठत् = महीने भर में किताब पढ़ गया।

क्रोशेन चोरं गृहीतवान् = कोस भर में चोर को पकड़ लिया।

ख. द्वितीया वाले रूप से क्रियाविशेषण बनता है-वायुर्मन्दं वाति = हवा धीरे-धीरे बह रही है। मधुरं नदति मेघः = मेघ मीठा-मीठा गरज रहा है।

ग. कुछ अव्ययों के साथ भी द्वितीया विभक्ति लगती है-ग्रामं प्रति = गाँव की ओर, वनं निकषा = वन के निकट।

91 क्रिया के साधन में तृतीया विभक्ति लगती है-रामो वाणेन रावणं जघान = राम ने वाण से रावण को मारा।

क. कुछ अव्ययों के साथ तृतीया विभक्ति भी लगती है-पुत्रेण सह गतवान् पिता = बेटे के साथ बाप गया। त्वया विना न जीविष्यामि = तुम्हारे बिना न जिऊँगा। अलं श्रमेण = मिहनत बेकार है।

92 वाक्य में मुख्य क्रिया के साथ 'के लिये' अर्थ में दूसरी सकर्मक क्रिया हो तो उसके कर्म में भी द्वितीया विभक्ति लगती है-स फलमानेतुं

गच्छति = वह फल लाने जा रहा है।

क. यदि आनेतुं क्रिया को हटा दिया जाये तो फल में चतुर्थी विभक्ति लग जाती है-स फलाय गच्छति।

ख. वाक्य में मुख्य क्रिया के साथ यदि कोई सकर्मक पूर्वकालिक क्रिया है तो उसका भी कर्म होता है-

विप्रमभिप्रेत्य गां ददाति = ब्राह्मण को ध्यान में रखकर गाय देता है।

ग. यदि अभिप्रेत्य हट जाता है तो विप्र में चतुर्थी विभक्ति लग जाती है-विप्राय गां ददाति।

घ. कुछ और पूर्वकालिक क्रियायें भी इसी तरह लुप्त होकर अपने कर्म में चतुर्थी विभक्ति लगाती हैं-किंकरं दृष्ट्वा कुप्यति = किंकराय कुप्यति।

ङ. नमः स्वाहा इत्यादि कुछ अव्ययों के कारण भी कर्म में चतुर्थी विभक्ति लगती है-रामाय नमः, अग्नये स्वाहा।

93 अपेत्य (छोड़कर) तथा ऐसी ही पूर्वकालिक क्रिया के कर्म में द्वितीया विभक्ति लगती है-वृक्षमपेत्य पत्रं पतति।

क. यदि अपेत्य हट जाये तो कर्म में पंचमी विभक्ति लगती है-वृक्षात् पत्रं पतति = पेड़ से पत्ता गिरता है। इसी प्रकार-व्याघ्रं दृष्ट्वा विभेति = व्याघ्राद बिभेति, प्रासादमारुह्य प्रेक्षते = प्रासादात्प्रेक्षते।

94 हिन्दी वाले 'का की के' परसर्ग को षष्ठी विभक्ति से व्यक्त करते हैं-रामस्य पुस्तकम्। बालकस्य पिता। तस्य मृतस्य पंच मासा गताः = उसके मरे पांच महीने हो गये।

95 हिन्दी वाले 'में, पर' परसर्ग को सप्तमी विभक्ति से व्यक्त करते हैं-ग्रामे वसति। पर्वते धावति। कविषु (कवीनां) कालिदासः श्रेष्ठः = कवियों में कालिदास श्रेष्ठ हैं।

न हन्यते हन्यमाने शरीरे = शरीर के मारे जाने पर भी नहीं मरता है।

96 अनेक कारकों से संबद्ध दो शब्द, आपस में मिल भी जाते हैं। इसे समास कहते हैं-कृष्णः काकः = कृष्ण काकः, ग्रामं गतः = ग्रामगतः,

धन इव श्यामः = धनश्यामः, रामश्च कृष्णश्च = रामकृष्णौ। कृष्णः सर्पः यत्र तत्कृष्ण-सर्पं वनम्।

97 वर्तमान के साथ स्म लगाने से वह भूत हो जाता है-गच्छति (जाता है) गच्छति स्म (जाता था)।

क. पुरा और यावत् लगाने से भविष्य बन जाता है-इदं तपोवनम्। प्रविशामि यावत् = यह तपोवन है। मैं भीतर जाऊँगा। आलोके ते निपतति पुरा = आपकी नजर के सामने वह आयेगी।

98 पुरानी बात को याद कर भविष्य को भी भूत के लिये प्रयोग करते हैं-चन्द्रगुप्तो राजा भविष्यति = चन्द्रगुप्त राजा हुए। यह पौराणिकों की परम्परा थी।

99 जब एक ही कर्ता वाले दो वाक्य आपस में जुटते हैं तो उस नये वाक्य में एक ही क्रिया हो सकती है। तब पहली क्रिया को कभी क्रियात्मक विशेषण, कभी क्रियात्मक अव्यय हो जाना पड़ता है।

जब दोनों क्रियायें एक साथ हो रही हों तो पहली क्रिया क्रियात्मक विशेषण हो जाती है-

बालको गच्छति+बालको रोदिति = गच्छन् बालको रोदिति।

गावोऽनदन्+गावोऽधावन् = नदन्तो गावोऽधावन्।

कन्या हसति+कन्या पठति = हसन्ती कन्या पठति।

मुनितनयामनुयास्यामि+अहं निवृत्तः = मुनितनयामनुयास्यन् निवृत्तोऽहम्।

स शरासनं सशरं करिष्यते+स मृगमनुधावति = शरासनं सशरं करिष्यमाणः स मृगमनुधावति, राजा नगरोपकंठे तस्थौ+राजा तं ददर्श = नगरोपकंठे तस्थिवान् राजा तं ददर्श, बालकोऽगच्छत्+बालकोऽम्रियत = गतवान् बालकोऽम्रियत।

रावणोऽहन्यत+रावणो रणभूमौ शेते = हतो रावणो रणभूमौ शेते।

100 जब दो वाक्यों की क्रिया में पहली क्रिया पहले सम्पन्न हो जाती है तो वह पूर्वकालिक क्रिया बन जाती है-

शिष्य: पाठशालामगच्छत्+शिष्योऽपठत् = पाठशालां गत्वा शिष्योऽपठत्

रामो रावणं न्यहन्+रामोऽयोध्यां निवृत्त: = रावणं निहत्य रामोऽयोध्यां निवृत्त:

101 यदि दो वाक्यों में पहली क्रिया अभी सम्पन्न भी नहीं हुई है तो वह क्रियार्था क्रिया बन जाती है-

रामो रावणं निहनिष्यति+रामो वारिधिमतरत् = रावणं निहन्तुं रामो वारिधि मतरत्।

भवन्तमभिवाादयिष्यामि+अहमागत: = भवन्तमभिवादयितुमहमागत:

स पाटलिपुत्रं गमिष्यति+स शक्नोति = स पाटलिपुत्रं गन्तुं शक्नोति

अहं पुस्तकं पठिष्यामि+अहमिच्छामि = अहं पुस्तकं पठितुमिच्छामि

102 यदि दो वाक्यों में पहली क्रिया आज्ञा, इच्छा आदि अर्थ से अथवा भविष्यसे संबंध रखती है और कर्मवाच्य में है तो पहली क्रिया कृत्य प्रत्यय धारण करती है-

मया: पुस्तक: पठिष्यते+मया विलोक्यते = पाठ्य: पठनीय: पठितव्यो वा पुस्तको मया विलोक्यते।

क. कर्मवाच्य का लोट् या लिङ् रूप कृत्य प्रत्यय से बदला जा सकता है-

मृगो न हन्यताम् = मृगो न हन्तव्य:

पुस्तक: पठ्येत = पुस्तक: पठनीय:

यदि कर्म नहीं है, तो क्रियात्मक विशेषण नपुंसक रूप में होता है-

गम्यतां त्वया = त्वया गन्तव्यम्

अन्यथा कर्म के लिंग वचन के अनुसार उसमें प्रथमा विभक्ति लगती है-

उच्यतां स राजा = वाच्यस्त्वया स राजा

पृच्छ्यतां सा कन्या = प्रष्टव्या सा कन्या

ख. इसलिये बाद में तो परोक्षभूतकालिक -वस् -आन् प्रत्यय, भूतकालिक -त -तवत् प्रत्यय तथा कृत्य प्रत्यय स्वयं क्रिया का भार संभालने लग गये-

स कलिंगाज्जग्मिवान् = वह कलिंग चला गया।

विश्वानि देव वयुनानि विद्वान् = हे अग्ने! तुम सभी रास्तों को जानते हो।

स नगरोपकंठे तस्थिवान् = वह नगर की सीमा पर ठहरा।

रामो वनं गतः। तेन सह सीता गतवती। लक्ष्मणोऽपि गतवान्। सर्वे गतवन्तः।

ततस्त्वया शब्दः कर्तव्यः।
कथय, किं करणीयम्।

सातवाँ अध्याय

समास कृत् तद्धित

103 जब दो शब्द एक-दूसरे से मिलते हैं तो पहला शब्द अपनी विभक्ति को छोड़ देता है-ग्रामं गतः = ग्रामगतः।

तब व्यंजनान्त शब्दों का वही रूप रहता है जो भ्याम् भिस् सु आदि मध्यम विभक्तियों के पहले होता है-राज्ञः पुत्र = राज-पुत्रः, वाचि कटुः = वाक्कटुः, दिशः भ्रमः = दिग्भ्रमः, द्विषां हन्ता = द्विड्ढन्ता, कामदहः रिपुः = कामधग्रिपुः, आशिषां वादः = आशीर्वादः, धनिनां सेवा धनिसेवा, भवतः आज्ञा = भवदाज्ञा, धीमतां कुलम् = धीमत्कुलम्, विदुषां सभा विद्वत्सभा, पुंसां कथा = पुंकथा, प्रतीची गतिः = प्रत्यग्गतिः इत्यादि।

उत्तम पु. सर्वनाम एकवचन में मत् और बहुवचन में अस्मत् हो जाता है-मम सखा = मत्सखा अस्माकं पुत्राः = अस्मत्पुत्राः। उसी प्रकार मध्यम पु. सर्वनाम त्वत् और युष्मत् - तव पुत्रः = त्वत्पुत्रः, युष्माकं पुत्राः = युष्मत्पुत्राः।

प्रथम पु. का नपुंसक रूप रहता है-तस्य नाम = तन्नाम, अस्य (विषयस्य) कविः = इदंकविः, अमुना (सदृशं) रूपं यस्य सः = अदोरूपः द्वौ वेदौ अस्य = द्विवेदः।

104 संज्ञा और विशेषण बनाने के लिये जो क्रिया में प्रत्यय लगता है उसे कृत् कहते हैं।

1. क्रिया ही कभी कभी संज्ञा या विशेषण बन जाती है-युध्, सेना-नी, हुतभुज्, काम-दह् इत्यादि।
2. ह्रस्व स्वरान्त क्रिया में त् लगता है-सु-कृत्, इन्द्र-जित्, नाम-भृत्।
3. -अन से नपुंसक शब्द बनते हैं-गम् गमन, भुज् भोजन, दृश दर्शन।
4. -ति से स्त्री. शब्द बनते हैं-कृति, भूति, नीति।
5. तृ (तर्) से कर्तृवाचक शब्द बनते हैं-गम् गन्तृ, जि जेतृ, नी नेतृ भू भवितृ
6. इन् आदत बताता है-गम् गामिन्, चर चारिन्,

7. अक से कर्तृवाचक शब्द बनते हैं-पच् पाचक, पू पावक, नृत् नर्तक।

8. त से नपुंसक भाववाचक संज्ञा बनती है-गम् गतम् (चाल ढाल), हस् हसितम् (हँसना), रुद् रुदितम् (रोना)।

9. य, अनीय और तव्य से भी नपुंसक शब्द बनते हैं-कृ कार्यम्, करणीयम् कर्तव्यम्।

105 संज्ञा और विशेषण में जो प्रत्यय लगते हैं उन्हें तद्धित कहते हैं। कुछ सर्वनाम और अव्यय में भी ये प्रत्यय लगते हैं।

1. वसुदेव का पुत्र वासुदेव, पृथा का पुत्र पार्थ - ये सबल -अ प्रत्यय से बने हैं।

2. दशरथ का पुत्र दाशरथि, सुमित्रा का पुत्र सौमित्रि - ये सबल -इ प्रत्यय से बने हैं।

3. 'बाला' अर्थ में -इन् -वत् -मत् प्रत्यय लगते है।-धनिन् धनवत् (धन वाला), बुद्धि-मत् (बुद्धि वाला)

4. -ईय संबंध बताता है-पर्वत पर्वतीय, राष्ट्र राष्ट्रीय, भारत भारतीय, अस्मदीय, तदीय

5. विन् मिन् भी अधिकार वाचक है-मेधाविन्, मनस्विन्, स्वामिन्

6. -एय स्त्री. शब्दों में लगता है-कुन्ती कौन्तेय, राधा राधेय

7. इक कालवाचक शब्दों में लगता है-इतिहास ऐतिहासिक, मास मासिक, वर्ष वार्षिक।

8. चर 'भूतपूर्व' अर्थ में-शिष्य-चर (भूतपूर्व शिष्य)।

इसके आगे यदि व्याकरण ही पढ़ने की इच्छा हो तो काशिका (अष्टाध्यायी) पढ़ें। कौमुदी आदि नहीं।

शिवास्ते सन्तु पन्थानः